Rendez-vous avec Paris

Gérard Bauër

Rendez-vous avec Paris

Albin Michel

22, rue Huyghens, 75014 Paris

ISBN 2-226-07921-1

A Philippe Hériat.

PARIS RETROUVÉ

PEUT-ÊTRE est-ce la dernière feuille de l'automne qui tombe. Elle n'est point jetée à terre par une bourrasque, par une de ces chevauchées du vent qui, venues de la mer, semblent traverser un continent pour rejoindre une autre mer. Elle s'est détachée et elle tombe lentement. Elle ne sera vraiment morte qu'en touchant le sol, qu'en se mêlant aux feuilles déjà mortes qui répandent dans l'air le parfum de l'automne. Les arbres dénudés découvrent, sur l'horizon brumeux, la ligne délicate des peupliers et, de l'autre côté de la Seine, les coteaux de Saint-Cloud et la masse des bois prolongeant celle de la petite ville dominée par son fin clocher. De lourdes maisons modernes, au flanc de la route de Versailles, n'écrasent pas le paysage. Je ne me rappelais plus qu'elles fussent si importantes : c'est sans doute que certaine mémoire est d'abord fidèle à ce qu'elle a préféré des êtres et des paysages.

Comme nous l'habitons une ville nous habite. Elle étend en nous ses réalités qui ne cessent d'agir sur notre esprit et se précisent à chaque appel du souvenir. Inégalement pourtant. L'absence nous a fait éprouver les liens qui nous attachaient à Paris! Les yeux fermés s'efforçaient de reconstituer ce qu'ils ne pouvaient plus saisir. Des lignes, parfois confuses, se regroupaient sur l'écran silencieux de la mémoire. On se reprochait de ne pas avoir mieux observé, de ne pas avoir su voir avec le regard que l'émoi même et l'admiration affermissent sans le brouiller. Le moment, les formes, les nuances, le bruit et jusqu'à l'odeur de la rue se recomposaient pour former un ensemble qui gardait la consistance d'une rêverie, l'attrait mélancolique d'un désir. Paris était là, dans quelques-uns de ses aspects préférés; et quelle joie, le jour où de nouveau nous pourrions l'atteindre, toucher son sol, ses pierres, des pieds et de la main! L'instant est venu. Nous y voici.

CETTE porte de Saint-Cloud, que l'on quitte Paris ou que l'on y entre, on passe ses grilles avec hâte. Frontière sans formalités, ceinture sans octroi, elle est le début d'une évasion ou la promesse d'un repos. Le bois s'arrête à ces fers de lance. *Boulogne-Billancourt*, annonce une plaque d'émail, et une autre sur l'allée qui longe la Seine précise : *Neuilly-Saint-Denis 13 kilomètres*. Qui les lit? Qui s'est arrêté pour regarder attentivement la maison du garde forestier et constater que l'avenue qui limite Boulogne le long du bois s'appelle Anatole-France? Lequel d'entre nous a pris cette passerelle de fer qui enjambe la Seine à la hauteur des grilles du bois ? L'été, l'abondant feuillage des marronniers et des platanes la cache tout à fait, et c'est entre les pieds des arbres que le regard aperçoit ou devine le fleuve. L'air y est plus bleuté, plus tremblant au-dessus de l'eau. L'impressionnisme, je veux dire, ce qu'il aima et qu'il sut peindre, commence à cette frontière du bois, à cette rencontre de la Seine, hors des murs.

Jadis, la seule route de Versailles était cette chaussée montueuse qui contourne Saint-Cloud et après un coude serré s'élève vers Montretout. L'autostrade de l'Ouest la rend aujourd'hui inutile, voie royale qui, sans une tache, déroule, aux approches de Paris, son paysage d'Ile-de-France, s'élance parmi des arbres à la Poussin et s'enveloppe au crépuscule de sérénité magistrale. C'est par cet autostrade qu'il faut aborder Paris lorsqu'on l'a quitté depuis longtemps. Le premier signe qu'il vous fera est celui de sa Tour, apparue soudain dans sa robe gris fer au-dessus du paysage, installée maintenant dans une seconde jeunesse, jouissant avec une bonne grâce familière d'une réputation que personne n'injurie plus : monstre sacré, à sa manière, témoin de notre jeunesse, de nos agitations et de nos secrets.

Puis un tunnel, un tunnel sonore, luisant comme une « salle de bains », mystérieux comme une prestidigitation. L'espace de ce tunnel : et il faut oublier la route, la campagne, freiner son impatience, retrouver en soi l'agile, la minutieuse attention de la ville ! Car, au bout de ce tunnel, Paris est à vos pieds. La route trace dans l'espace, en un virage, un majestueux salut : voilà Paris, voilà la Seine et au-delà du pont, le long du fleuve, la grille où le bois vous accueille, inchangé, et si calme, un matin d'automne !...

Je comprends qu'on choisisse les quais de la Seine pour aborder et traverser Paris et qu'on reconnaisse l'un après l'autre chacun de ses trente-quatre ponts. Rives incomparables, rives ombragées, comme ne l'est aucun autre fleuve dans aucune capitale du monde, rives changeantes où se reflètent tous les aspects de Paris, ceux d'aujourd'hui et ceux d'hier. Quand le viaduc d'Auteuil n'existait pas, ni le pont Mirabeau, la rive était herbeuse et gardait encore un aspect agreste : *En face du pont de Grenelle, est un petit hameau, une réunion de petits cottages parmi lesquels celui de Gavarni. C'est le Point-du-Jour, où nous nous sommes tant de fois donné rendez-vous mes amis et moi...* Ainsi s'exprimait un enfant musard du romantisme, à l'âge des souvenirs. Longtemps, jusqu'à l'extrémité de l'autre siècle, les habitants d'Auteuil et de Passy ne purent se rendre chez les belles de Grenelle sans de longs détours. C'est pour eux qu'on lança ce pont Mirabeau dont la travée centrale rendit si fiers les ingénieurs de 1895. Ils la comparaient aux cent quarante-trois mètres du pont du Niagara. Il fallut un poète pour réduire cette ambition à sa juste mesure et donner au pont Mirabeau un autre gage d'immortalité :

Sous le Pont Mirabeau coule la Seine
Et nos amours...

La charmante complainte d'Apollinaire devenue une rengaine d'anthologie conserve sa force d'évocation. Impossible de ne pas la murmurer au premier accueil du premier pont parisien. Après Mirabeau, le pont de Grenelle, à la proue d'une avenue des Cygnes, dresse dans le ciel capital sa Liberté réduite. Ce n'est pas beau; et pourtant, comme tant de choses de Paris, et jusqu'aux plus ingrates, cette dame raide, son flambeau à la main, nous tient au cœur. Sans âme aussi, ces hautes maisons du quai de Passy au pied desquelles roulent à grand fracas les camions matinaux de « chez Renault » et le soir, dans la nuit, après que les théâtres se sont tus, l'auto de Louis Jouvet et de son grand chien noir...

CERTES, les pierres parlent pour qui sait les regarder et les entendre; mais la voix la plus haute est celle de nos souvenirs. Voilà, au bout du quai de Passy l'esplanade où se dressent, féerie et mémoire, un monde de sensations et l'ombre vivante d'une amitié. Le pont d'Iéna est et demeure le pont des Expositions. Pour Napoléon, il fut celui d'une victoire, et lorsque les Prussiens entrèrent à Paris en 1815, ils voulurent le détruire afin d'effacer leur défaite. Il fallut Talleyrand, Fouché, le comte de Noailles, Louis XVIII lui-même, pour convaincre Goltz, l'ambassadeur de Prusse, et Wellington, le victorieux, de la vanité de cette violence. Iéna fut respecté. Cela c'est l'histoire, celle de Paris, celle d'un livre ouvert par curiosité. Mais l'appel de la vie substitue à ce déploiement militaire, à ces menaces, aux aigles impériales figées dans la pierre, les palais d'une exposition. Ils furent ciment, carton, frêles carcasses sous le ciel sans orages de 1900; ils survivent en architectures de songe qui renaissent à chaque rencontre de ce paysage parisien. Aucune saison, aucune bourrasque, nulle métamorphose ne peuvent changer l'air qui circule entre la colline de Chaillot et le Champ-de-Mars. Les palais s'accrochent aux flancs de l'ancien Trocadéro, voisinent sur les berges comme des pêcheurs, veillent aux pieds de la Tour. Un globe céleste, sphère puérile, étincelle dans la nuit non loin d'un porche immense d'où jaillissent des cascades lumineuses couronnées de coupoles, de clochetons et de minarets. Un palais d'un blanc africain exhale, du fond des âges, ses cris de derviches et ses odeurs de suint et de couscous. La pensée est entraînée, comme l'enfant que nous fûmes, parmi des provinciaux, des étrangers qui avancent sur le pont d'Iéna, piétinent et se glissent sur les passerelles de ciment accotées aux parapets. Me voilà porté dans ce passé, allant d'une curiosité à l'autre, égaré dans une rue du vieux Paris sur la berge, revenant sur mes pas, enlacé par le fil aigu et lent d'une flûte roumaine ou recevant au passage la bouffée d'une *feria*, le chaud appel d'une danse espagnole que j'entendrai sans la voir...

Le Cours-la-Reine est annexé dans ce vaste souvenir : la rue de Paris le longe où se tinrent quelques tréteaux qui firent recette en 1900. L'esprit de Montmartre y voisine avec l'exotisme et avec le théâtre de Mlle Sada Yako, dont la taille étroite, les cheveux à pic sur des tempes d'ivoire possédaient une séduction étonnante. Sada Yako : Chrysanthème de 1900. C'est alors qu'un ami survient, me touche l'épaule. Il a passé la porte monumentale, celle de la Concorde, sous la *Parisienne* de plâtre de Moreau-Vauthier et il a mis une heure pour fumer deux cigarettes et franchir deux cents mètres. Je me retourne : c'est bien lui, le seul avec lequel je pouvais encore parler de ce temps perdu.

— Comment vas-tu ?...

Léon-Paul Fargue, piéton de Paris, survit parmi ces survivances. Ce n'est pas à Saint-Germain-des-Prés, devenu une foire, que je le retrouve, c'est dans cet espacc compris entre la Concorde, Chaillot, le pont d'Iéna, la Tour, parmi ces palais imaginaires, qui renaissent d'ailleurs constamment sous une forme ou sous une autre, constructions passagères, cloisons de toile, et verrières d'illusion. Léon-Paul Fargue a laissé son fiacre à la Concorde, son fiacre qui sentait, comme il aimait à le dire, le cuir moisi, le chien mouillé et la croupe chaude. Il me prend par le bras, et commence, l'œil embué de nuit, la lèvre molle, à donner au présent la démarche du songe :

Du fond des rues, je vois venir
Les souvenirs
Que nous avions ensemble...

Nous marchons ainsi, jusqu'au moment où le récit s'éteint, où l'odeur de la cigarette s'éloigne dans l'air mouillé. Léon-Paul Fargue n'est plus là. Mais j'entends encore sa voix de vieil étudiant qui murmure en confidence : « On ne guérit pas de sa jeunesse... »

L'Opéra a sauvé la place qui porte son nom d'un éloignement définitif. Ce fut longtemps le centre du monde et le cœur léger de Paris. C'est de là que s'envolaient les mots d'esprit, que l'encombrement de la fête arrêtait les chars de la mi-carême, que les masques ont vu poindre l'aube à la sortie des bals. C'est sur les marches qui la dominent que se sont croisés, dans une discrétion complice, le demi-monde de Dumas fils, les amants de Maupassant et les héroïnes de Bourget... Sur cette place, l'animation n'a jamais cessé, sauf certains 15 août, dont les photographies nous montrent la solitude dans un Paris torride. Les Boulevards ont perdu peu à peu leur physionomie de promenade élégante, de flânerie parisienne, pour devenir ce qu'ils sont devenus vers 1920, une vaste artère où circulent la badauderie populaire et la province, dans une odeur d'essence, d'haleine de métro et de journaux frais. La proximité du *Croissant*, des imprimeries de presse, gardent aux Boulevards le privilège du premier cri des camelots à l'heure de la sortie du « papier ». Un beau dessin de Raffaëlli représente le Boulevard à la hauteur du *Napolitain*, un soir de crise ministérielle. Les vendeurs de journaux (ils portaient encore des paletots et de vieux feutres) courent en tendant la nouvelle; le public s'empresse autour du kiosque aux imprimés; la chaussée semble elle-même émue par l'événement, encombrée d'omnibus, de fiacres alertés, de gens qui traversent en hâte. Qu'il fallait peu de chose pour remuer Paris à la fin du siècle : une crise ministérielle. Nous en avons vu d'autres!

J'en ai vu d'autres! Du haut du balcon suspendu au-dessus de la place de l'Opéra par un journal de bonne bourgeoisie... Durant quelque trente ans, à peu près chaque jour, j'ai traversé la place et monté jusqu'à ce second étage qui, fenêtre ouverte sur l'Opéra et le boulevard des Capucines, l'était aussi sur le monde. J'ai vu des défilés se former, et s'apaiser les houles de Paris, j'en ai vu les accueils et les départs. J'y ai entendu le vaste « au revoir » d'une mobilisation dont l'enthousiasme ne pouvait présager quatre ans de lutte et la fin d'une manière de vivre. La fin de ce boulevard, d'abord, sous son aspect d'oisiveté parisienne et de rendez-vous de la chronique, fin d'un genre dont le Vaudeville, les mules de Réjane, le couloir en glaces des Nouveautés, le bar de Kalisaya, refuge d'Oscar Wilde déchu, et l'orchestre des Variétés ont marqué l'apogée.

Mais si les Boulevards allaient connaître un autre rythme et une autre figuration, la place de l'Opéra ne serait pas comprise tout entière dans cette métamorphose. Le Palais de Marbre de Garnier est une trop solide amarre; et *La Danse* de Carpeaux, de ses ailes légères, maintient les lieux au-dessus du temps. Deux bars ont pourtant disparu, l'un, italien, côté cour, où l'on buvait, debout, des cafés express, des vermouths d'origine et du tamar indien rehaussé d'un zeste de citron; l'autre, parisien, côté jardin, où l'on buvait de la bière anglaise et des boissons fortes, juché sur de hauts tabourets, les coudes appuyés à l'acajou du bar, quand ce n'était pas enfoui dans des fauteuils de cuir souple. Toulet — Paul-Jean — a fait entrer ce bar dans l'histoire littéraire. Il y était assidu, y avançant dans la nuit, avec une âme de plus en plus songeuse et solitaire, y ciselant, peut-être, quelqu'un de ces aphorismes ou quelqu'une de ces contre-rimes qui ont placé sa mémoire et son nom à l'écart de l'oubli.

Le Bar de la Paix n'est plus, mais le Café demeure, caravansérail inchangeable avec son entresol de « salons particuliers » et son fronton où brilla longtemps le nom de Boldi, tzigane fameux, prometteur de soirées langoureuses. Combien de fois des rois en voyage et leur suite de princes, prisonniers du protocole et des programmes austères, ont dû envier les inconnus qui pénétraient dans ce lieu désirable! Au passage, ces illustres invités voyaient scintiller les lumières sous les plafonds peints, dont les Amours sourient toujours entre des guirlandes de fleurs. Des maîtres d'hôtel en habit attendaient l'heure du souper avec un visage sans pensée. L'endroit composait une parfaite image de la vie parisienne telle que le souvenir ne pouvait l'oublier. Que de rêveries lointaines ont dû se tourner vers cette place, durant de trop longs déplacements et la monotonie des exils ! Je me rappelle la lettre d'un ami de jeunesse, devenu prospecteur dans la brousse de Madagascar. Sous la tente, où le vol des insectes et l'épaisseur de la nuit l'empêchaient de dormir, il « se » jouait *Loin du bal* et la *Lettre à Manon* sur des disques à cylindre : « Tu ne peux savoir jusqu'à quel point de banalité une étouffante solitude m'a conduit... Voilà que je rêve à des organdis blancs en entendant *Loin du bal!* Ah ! sache reconnaître ta chance... Boire un verre de bière à la terrasse de la Paix, quel délice ! J'y pense, en t'écrivant, et les larmes m'en viennent presque aux yeux... »

Aujourd'hui, le cérémonial n'est plus tout à fait le même au café de la place de l'Opéra. Les tziganes ont disparu. Les rois voyagent beaucoup moins, les princes s'épuisent. Mais la terrasse angulaire, l'une des plus étendues de Paris, accueille toujours, hiver comme été, tous les peuples du monde, ceux du moins encore libres de se déplacer. Pour un Parisien, c'est, à présent, un dépaysement savoureux. Jadis, il y saluait des tables au passage. Maintenant, il n'y connaît plus personne. Il s'y trouve étranger dans sa ville parmi une quantité de gens qu'il n'a jamais rencontrés, qu'il ne rencontrera plus jamais. Libre à lui de s'asseoir près de la vitre ouverte et de regarder, en spectateur, la scène du Café, de sa terrasse et du Boulevard. La salle paraît immense à cause des glaces qui la prolongent jusqu'en un infini bleuté, où l'on ne se reconnaît plus. L'été, la terrasse est pleine encore — d'étrangers qui, tous, viennent se poser sur cette branche, comme si c'était, à Paris, le rendez-vous le plus commode, le moins imperdable.

Autrefois, il eût été aisé pour un Parisien cosmopolite de situer ces inconnus, de leur donner une nationalité. Le problème n'est plus simple. Il faut attendre qu'ils parlent. Mais le mystère n'en est que plus divertissant pour le flâneur. D'où vient, par exemple, ce petit homme aux yeux vifs, avec ce visage lisse et brun et cet air satisfait qu'il tient, peut-être, de sa liberté. Il se trémousse; il parle français, un français accentué et zézayant que la personne à ses côtés écoute d'un air entendu et flatteur. Cette personne est extraordinaire car elle ressemble à un automate avec un visage de faïence, des cheveux de cirage, qui ont l'air d'avoir été piqués sur sa tête. Des yeux fixes et une raideur de mouvements hallucinante. Ses poignets potelés sont cerclés de bracelets de sultane. Quelle étrange créature! Il semble qu'on pourrait la dévisser tout entière, de la tête aux pieds. Mais cette étrangeté n'apparaît pas à l'étranger qui l'a conquise. Il est visiblement fier de sa conquête. Il la couve, l'entoure tandis qu'elle mange à petites secousses une *cassata* épaisse comme du nougat. Le séducteur porte une cravate d'assez bon goût, ce qui rend encore plus inexplicable le choix de cette compagne qu'il doit tenir pour « très Parisienne ». Il y a sans doute fallu une implacable solitude...

Non loin, un homme seul, brun, d'une beauté régulière, devenu flasque avec l'âge, un homme guetteur lance un regard sournois sur tout ce qui passe, hommes et femmes, et pour apaiser son attente, il se ronge les ongles, vieil écolier qui a mal vieilli. A la table voisine, une femme, les jambes croisées, nylons et talons plats, se regarde dans une minaudière en fausse écaille et ranime des lèvres usagées. Devant elle, deux voyageuses dont la plus jeune, blonde, mince, musclée, est certainement une Danoise. Elle en a le buste allongé, la grâce sans mièvrerie. Elle tient à sa compagne des propos animés : compte rendu de ses courses, sans doute, émerveillement de ses découvertes, premières modes de la saison prochaine, tout ce que Paris offre à une jeune femme qui le visite. Fraîche comme une divinité marine, elle répand un souffle du large sur cette plage du Boulevard...

Traditionnel, un couple de jeunes mariés, d'une complicité encore timide, observe d'une même curiosité et d'un même cœur le défilé de la ville. Un camelot s'arrête, s'efforce de les tenter avec deux petites perruches grises et roses qui sortent accouplées de leur cage minuscule, se posent sur un bâton, puis rentrent chez elles, d'un même coup d'aile. Le camelot vante ce dressage et prononce sur la fidélité dans la liberté une sentence appréciable pour de jeunes mariés. L'épouse achèterait volontiers ces bestioles; mais finalement, elle résiste à ce désir fait de tendresse. Le camelot s'éloigne. Le film de la rue continue. Elle, sourit à la vie. Et lui, qui n'en est pas encore au rêve de Fantasio : *Je voudrais être cet homme qui passe!*... inscrit Paris dans son souvenir en traits d'un bonheur partagé...

C'EST ainsi : on veut tout revoir, ressaisir ces formes que le souvenir recomposait, s'assurer que ces promenades, ces horizons, ces plaisirs offrent toujours la même harmonie et la même saveur. D'une fenêtre du quai Voltaire, j'ai contemplé un paysage d'une beauté qui ne saurait vieillir : la Seine au Pont Royal avec le pavillon de Flore et le jardin des Tuileries tendant son libre espace entre le fleuve et les façades de la rue de Rivoli. Le long du parapet les boîtes des bouquinistes, où l'on ne découvre plus aucun trésor, maintiennent toujours un négoce de plein air qui semble avoir été créé pour donner un jour à un enfant du quai, qui s'appellerait Anatole France, le goût de la flânerie littéraire. Rien ne lasse le fureteur ni l'étranger qui cherche dans ces boîtes le mystère du Vieux Paris. La berge enserre de ses gros pavés l'un des plus majestueux entre les quatre-vingt mille arbres de la capitale. L'approche de l'hiver l'a dépouillé et je le regarde avec cette sorte de tendresse que Taine éprouvait pour les arbres de Paris et qui lui faisait placer ceux des rives du fleuve au premier rang de ses affections.

... *J'ai tout revu, rien n'a changé*... Si! Les mœurs changent; et une contrainte de cinq ans laisse aux murs d'une ville, fût-elle la plus fière du monde, un enduit de misère, comme elle laisse aux êtres une lassitude. Ce qui ne change pas ce sont les plaisirs fixés par des rites : l'étincellement du cirque, la foire du Trône, Guignol ou la voiture aux chèvres. Elle avance toujours aux Champs-Élysées, parmi les feuilles et les oiseaux qui prennent des bains de sable : comme au temps où Marcel Proust enfant y recueillait dans l'air léger le nom de Gilberte. La chèvre et le bouc ont toujours même allure et le cabriolet enfantin sauvegarde sous les marronniers élyséens une tradition séculaire. Aussi rituelles, cette voiture et cette chèvre, que, chaque année, le rendez-vous automnal du « Salon de l'Automobile » avec sa vaste mobilisation de provinciaux venant durant une semaine respirer jusqu'à l'étourdissement l'air de la capitale. Capots étincelants, ou carrosseries démodées, files épaisses stationnées le long du fleuve, émerveillement de la jeunesse devant la « reine » de l'année, certains rites et certaines habitudes de Paris demeurent vraiment invariables! Quel morceau d'anthologie parisienne, quelle page de Proust, précisément, à écrire sur cette fidélité mitoyenne du Salon de l'Auto et de la voiture aux chèvres! Si le « haut » des Champs-Élysées est peu à peu devenu méconnaissable dans ses travestissements, sa verdure a su conserver une âme intacte. Mais ailleurs, il faut bien découvrir certaines variations. Je les ai notées aux Boulevards. Les dames, qualifiées aujourd'hui de respectueuses, qui ont établi leur ronde entre la rue de Sèze, la rue Godot-de-Mauroy, la rue Vignon et le boulevard de la Madeleine, n'ont plus tout à fait la même allure, je veux dire le même uniforme. Il y a quinze ans, elles portaient des bas de soie, des jupes et des chapeaux. Les chapeaux se sont envolés, les jupons souvent aussi, par la force des choses, et l'on voit à présent passer des pantalons moulant des hanches de femme [1]. Une tentation équivoque accompagne ces travestis, jadis imprévisibles. Si, vraiment, le charme de ces rencontres tient dans l'instant de feinte résolution où l'on franchit une porte d'hôtel avec une inconnue, comme ce timide cynisme doit trouver un regain dans cette nouvelle émancipation!...

1. Les choses sont redevenues ce qu'elles étaient depuis que ces lignes furent écrites. Si certaines habituées de Montmartre et du Quartier latin se promènent en pantalons, les familières de la rue de Sèze ont rendu à la jupe l'attrait de l'éternel féminin.

Les Champs-Élysées se souviennent encore du Cirque d'Été, de son architecture palladienne, où se succédaient tour à tour les exercices équestres et les concerts symphoniques. Ce cirque-là a disparu, comme celui de la rue Saint-Honoré dont le tapis de sable se transformait en piscine, initiant notre jeunesse à la bouleversante merveille d'une inondation. Le Cirque d'Hiver subsiste en ses lointains horizons, mais pour l'absent il n'est probablement de rendez-vous du souvenir que chez Médrano, patrie des Fratellini et de familles fameuses vouées à la piste de père en fils. L'artiste, peintre ou poète, y retourne volontiers, ne demeure jamais longtemps sans aller respirer l'air des écuries, et s'éblouir de cette lumière qui tombe toute droite sur les acteurs, escamotant les ombres. L'adoption du cirque par les arts est vraiment un goût de notre siècle. La tradition issue des Goncourt et de Toulouse-Lautrec s'est poursuivie avec Jean Lorrain, Cocteau, Louise Hervieu, Zendel, Vertès et s'est installée, avec Heuzé, à l'Institut. Mais ni la littérature, la peinture, la chronique, point même le cinéma n'ont défraîchi l'atmosphère du cirque, ne sont parvenus à lui faire perdre son ingénuité et ses disciplines. Immobile ou voyageur, le cirque garde son originalité de monde clos, d'artistes fiers, de rites, de dressage humain autant qu'animal. Vertès, quand il revint à Paris après sept ans d'absence, a pu retrouver, dans l'intimité d'une salle aux dimensions montmartroises, les mêmes numéros dont il avait jadis, plus d'une fois, reproduit la vigueur et la grâce. Quel artiste mieux que lui a rendu en quelques traits l'allure si particulière du cheval de cirque, cette élégance musclée, ces formes presque voluptueuses soumises aux injonctions de la musique et de l'éperon! Tête altière du cheval bridé de court, attentif aux cadences de son exercice, reins puissants, flancs frémissants, l'animal semble conscient de son luxe et de l'élégant plaisir qu'il répand.

Un nouveau matin s'est levé sur Paris, sur l'avenue Foch encore déserte, où les chaises côte à côte témoignent des rendez-vous achevés. Deux oiseaux de l'aurore, dans un emmêlement d'ailes, commémorent à leur manière ces nocturnes amours. Mais déjà ils s'envolent.

Une promeneuse matinale fait son apparition, précédée de sa Rolls et suivie d'un pékinois, plus corseté que sa maîtresse, dans un paletot de drap mastic. Il avance lentement, aérant, avec une dignité bougonne, sa taille d'écureuil et sa « permanente » de lion.

Une robe stricte dessine un corps déjà un peu empâté, des hanches lourdes mais soigneusement raclées par la douche et le masseur. L'expérience, un égoïsme bien compris connaissent les recettes de la durée, pourvu que le monde dure autant qu'elle! Cette promeneuse ne vieillira pas avant l'heure. Elle prolongera le chef-d'œuvre de sa réussite, de cette perfection, de cette beauté régulière que le temps veut lui prendre. Une promenade solitaire dans l'air sans poussière est sa défense, la certitude qu'elle ne cédera pas, le soir, à des veillées inutiles, qu'elle interrompra, à l'heure fixée, le souper au champagne ou la partie de poker avec Léa et ses vieilles amies... Léa!

Je remonterai deux étages rue de Beaujolais et j'irai sonner chez Colette. Parfois : moins que ne le désirerait l'affection; mais écrivains, ménagers du temps d'autrui, nous savons plier l'amitié à une fidélité discrète. La maison est calme : le vaste quadrilatère du Palais-Royal au centre de Paris semble se recueillir dans le souvenir d'un illustre passé. Je gravirai un escalier bien clos... Le bruit des voitures qui débouchent de la rue Montpensier et de la rue de Valois s'amortit, comme les rires du théâtre voisin, sur ce songe silencieux. J'entends mes pas; Pauline, la servante qui connaît les habitudes, de longue date, et les protège, m'accueille, visiteur familier :

— Ah! bonjour, Monsieur, Mme Colette va vous recevoir...

La porte s'ouvre sur la pièce tendue d'un papier épais et rouge, rouge d'une chaleur de vieux bordeaux. On aperçoit d'abord ce généreux enveloppement, puis scintillant sur le marbre de la cheminée, des cristaux et des boules versicolores; et devant la fenêtre, allongée dans un lit-divan qu'une table mobile encastre, Colette, dont le regard brûle toujours du même éclat. Devant elle, dans la cloison, une bibliothèque ouverte.

Derrière elle, une table où sont rangées ces « diversités » dont le rassemblement et la présence sont nécessaires à qui doit ménager ses mouvements. Au-dessus de sa tête, une lampe enveloppée d'un cornet de papier bleu, fanal qui ne s'éteint guère, le soir venu, et que les voisins ou les rares passants des galeries peuvent apercevoir dans la nuit.

L'accueil contient les sentiments de l'affection, de la pudeur, de cette coquetterie dont l'âge fait une dignité et une élégance. Sans elle, que deviendrions-nous avec les années? Colette, immobile sur ce lit où s'accomplit maintenant la plus grande partie de ses jours, garde la même curiosité, la même surveillance lucide des êtres, et d'elle-même. La même qu'à ses débuts dans les lettres, celle que je lui voyais déjà, il y a plus de quarante ans, lors d'une première rencontre. C'était à *L'Écho de Paris*, journal évoqué en une autre page de ce livre. Colette attendait, dans le bureau du secrétaire de la rédaction, que l'épreuve d'un article fût corrigée. Elle attendait « M. Willy » l'auteur de cette chronique; elle l'attendait, docile et muette, à demi allongée, et si mince, sur un canapé rouge. C'étaient, déjà, ce visage triangulaire dont l'ossature obstinée n'a pas bougé sous la pression des ans, et ces yeux silencieux qui n'ont jamais cessé de poser sur la vie leur regard « intrompable ». Les années ont passé qui ont fait d'une femme de notre temps un écrivain de tous les temps.

Colette lorsqu'on est son ami vous parle de vous-même, point d'elle. Ses confidences sont prononcées dans son œuvre; elles ne le sont pas dans les échanges de l'amitié. Cette pudeur où il entre peut-être un peu de prudence paysanne a pris avec l'épreuve physique la force d'un secret courage. Il est dur de souffrir dès qu'on bouge lorsqu'on a autant aimé le mouvement et tout ce qui remuait sous la lumière, lorsqu'on a su redonner aux mots les plus las une souplesse animale et qu'on a réveillé tant de génies invisibles.

— Vous voyez, dit-elle, voilà à présent mon univers; mais il me suffit!

Elle montre par la fenêtre le jardin du Palais-Royal, qui pourrait être une place sans voitures comme l'est, à Venise, la *Piazza*, une place avec une animation flâneuse, s'il ne pesait sur cet espace, depuis un siècle, un étrange délaissement. L'hiver l'assoupit encore, lui donne une langueur de parc, avec ses statues sans nom et ses galeries sonores. Mais le printemps ranime ces jardins de cris d'enfants, d'oiseaux, durant le jour, de chiens et de chats, dans la nuit. Colette retrouve le langage de ses dialogues. Elle revoit, rien qu'à les entendre, tous les chats qu'elle a connus, ceux des vieilles dames, ceux des amoureux, ceux des bars et ceux des concierges... Des hirondelles annoncent l'été, traversent un ciel sans vibrations et Colette peut alors songer à tout ce qu'elle a capté de vivant, qu'elle a tenu sous son regard et dans sa main, à cette hirondelle que, petite fille, elle emportait dans sa poche à l'école et qui rentrait à la maison « par le chemin des airs ».

Il est de longues heures pour le souvenir (si l'on

n'y prend garde) dans une vie immobile; mais est-il vraiment une immobilité pour un esprit aussi alerte, une intelligence qui n'a rien abdiqué de ses curiosités et de ses perfections? Colette, de même qu'elle ne parle pas d'elle-même, ne parle guère plus du passé. Non qu'elle repousse les souvenirs : elle leur a donné dans son œuvre une place merveilleuse. Mais dans la conversation la pudeur les écarte, comme pour ne pas charger le présent de ce qui ne lui appartient pas. Colette, ainsi que toute âme prévoyante, a dû beaucoup penser à ce point de l'existence où il est difficile de ne pas se retourner sur ce qu'on a vécu. Nul n'y échappe. Il est un âge où la vie nous reconduit à ce qu'elle nous a permis de vivre, où elle nous impose un bilan à son bénéfice. Le souvenir sait fort bien amortir ce qui fut douloureux, atténuer ce qui fut sombre. Une généreuse illusion nous permet de ne pas mésestimer ce que nous fûmes et de raccourcir l'espace qui sépare les désirs et les ambitions d'un cœur, des réalités qui furent les nôtres. L'artiste, il est vrai, quels qu'aient été sa réussite et son talent, ne bénéficie pas entièrement de cette illusion : il garde, s'il est vraiment subtil, une vue claire sur l'expression qu'il a donnée à ses découvertes ou à ses songes. La pudeur doit encore réserver pour elle, en la maintenant secrète, cette suprême inquiétude. Ainsi Colette. Avec quelle grâce elle a su accorder à l'âge, une sérénité sans vain durcissement du cœur! Rappelons-nous *L'Étoile Vesper* : quelle délicatesse pour y évoquer l'inévitable! J'ai connu Claudine. Je la retrouve dans ce visage qui me parle, dans cette crinière à peine grise, dans ces yeux lumineux, dans le son un peu chantant de la voix et parfois railleur pour feindre une surprise. Mais le panthéisme de la jeunesse s'est mué en une acceptation grave de la vie : dignité profonde qui sait toujours prodiguer les délicatesses de l'amitié.

Si toutes les élégances, celles des chevaux, des femmes et des hommes, sont passées, ne fût-ce que quelques journées d'un mois de juin, par les champs de courses parisiens, il est rare que la bonne peinture s'y soit arrêtée. Degas, il est vrai, leur a apporté — et cela pourrait suffire — la consécration de l'impressionnisme. Casaques multicolores, chevaux mêlés avant le départ, sur la piste de Longchamp : le vert humide du tapis, la vaste aération du ciel, l'attente impatiente des bêtes, tout est rendu d'un art exact et libre. Mais ces scènes de Degas se situent à l'écart du pesage, de ses spéculations et de ses vanités, de la pelouse et de ses illusions déçues. Je n'ai rencontré qu'un interprète de cette faune particulière. Ce n'était pas un peintre. Il aurait pu l'être s'il avait appris à le devenir. Mais fils d'un épicier de Périgueux, il s'était lancé à la conquête de Paris, un crayon à la main, sans rien savoir du dessin. Un petit homme avec une figure fripée de jockey et qui, dans sa taille réduite, s'était arrêté fort loin du génie de la petitesse, celui, unique, de Lautrec. Mais comme Lautrec, Sem cramponné à son crayon, embusqué derrière son feuillet, épiait les êtres jusqu'à ce qu'il eût surpris leurs aveux. Sur cette Société des Courses et du Théâtre qui connut un vrai resplendissement sous la Troisième République, le témoignage de ce guetteur impitoyable est précieux. Ses albums sont dispersés, leurs feuillets suspendus aux murs de quelques casinos et de quelques fumoirs fidèles à leur jeunesse; les noms de ses modèles s'effacent dans les mémoires, mais les caricatures gardent une vérité d'âme qui dépasse l'anecdote de la chronique. Ce fut plus tard que Raoul Dufy leur dédia plusieurs de ses chatoyantes imageries et que Van Dongen, posant son chevalet dans un champ de courses, y saisit au passage quelqu'une de ces créatures qui les ornent de leur somptueuse frivolité. Citons pour l'étrangeté de la rencontre une ou deux toiles de Picasso, d'un Picasso à ses débuts, et qui, comme tant d'artistes étrangers venus à Paris, rechercha d'abord de Paris le plus accessible, sinon le plus vrai ou le plus profond.

Cependant, derrière leur mise en scène d'élégance, de compétition sportive, d'intérêts organisés, les courses offrent une comédie de mœurs d'une saveur singulière. Et s'il est justifiable que la bonne peinture (qui n'a eu que faire jusqu'à présent de la vie mondaine) s'en soit détournée, comment ne regretterait-on pas l'absence de Marcel Proust à Longchamp ou plutôt l'absence des courses dans l'œuvre de Proust? Sauf le petit champ de courses de Balbec, d'une façon épisodique, nulle réunion importante, nulle grande semaine émergeant dc ce *Temps perdu*! Pourtant, quel champ d'expérience pour l'humour proustien, pour l'analyste des vanités mondaines et, plus humainement, pour l'amateur d'âmes! Avoir respiré l'atmosphère du Jockey-Club, en avoir défini l'odeur, la composition minutieuse, avoir si subtilement remonté le chemin des ambitions, des futiles orgueils et s'être privé de Longchamp, de son enclosure, de ses paris, de ses machinations et de ses gloires, quelles pages à jamais perdues pour cette chronique incomparable, quel regret pour le lecteur d'aujourd'hui et celui de toujours!

Proust a suspendu son observation au moment où il commençait d'écrire son œuvre au net, avant la guerre de 1914, c'est-à-dire qu'il a peint la société avant qu'elle ait subi son ébranlement décisif. La Révolution française n'a nullement détruit les privilèges de la noblesse : elle les a répartis alors que la Cour les concentrait. Les grands noms se sont partagé les ambassades, les titres militaires, les conseils d'administration, quelques présidences choisies et les tribunes réservées. Ils y ont apporté, selon la qualité de ceux qui les portaient, plus ou moins d'éclat et de réussite; mais une habileté incontestable à protéger des coutumes, des étiquettes, des conventions mondaines. Les liens entre la noblesse et le cheval sont aussi anciens que les croisades. Les traditions de gloire et d'élégance de la cavalerie, sa suprématie sur l'infanterie plébéienne, toutes ces nuances se sont affirmées sur les champs de courses, depuis leur installation en France, c'est-à-dire depuis un siècle environ.

Les Sociétés d'Encouragement, comme les grands Cercles, ont été « tenues » par de grands noms.

Mais elles ne pouvaient demeurer étroitement fermées; elles formèrent donc un lieu accessible à la bourgeoisie riche, une pépinière où M. Poirier, millionnaire et châtelain, rencontrerait son gendre; et où quelques héritières en mal de baptême trouveraient une conversion et un blason. Si l'Académie française mêla (c'était son rôle) les ducs aux écrivains, les comités hippiques unirent la grande industrie et la haute banque à l'armorial, unions où les casaques devinrent des étendards familiaux et les cracks de pacifiques illustrations en marge des généalogies.

Le jeu ajouta son attrait à cette vivante comédie des mœurs. Le jeu comporte aux courses un élément de secret, donc de dissimulation, et certains traits moraux s'y dévoilent que Proust eût définis avec une incomparable pénétration. Le cloisonnement des tribunes, l'enclosure, les écuries où s'établit une familiarité entre les propriétaires, les entraîneurs et les jockeys, autant de tableaux de cette représentation dont le caractère eût inspiré quelques pages inoubliables. La chronique de Proust se serait arrêtée, il est vrai, là comme ailleurs, à la période la mieux assurée de la fortune bourgeoise et de l'autorité aristocratique. Une dizaine de casaques avant 1914 brillaient au firmament des courses et maintenaient de grands noms associés aux grands prix de la saison. Depuis lors, l'argent ayant choisi ses maîtres sans discernement, le pesage est devenu une halle où les tribunes réservées n'ont pu conserver beaucoup de réserve. Le tenancier et le mandataire ont pris leur place parmi des propriétaires dont quelques-uns n'auraient pas reçu chez eux jadis un négociant ou un artiste. Une autre guerre, quatre ans d'occupation, et le recrutement s'est encore abaissé. Les tribunes des cercles et des comités sont devenues les dernières casemates de l'aristocratie hippique. Le temps approche où la solitude sera le refuge suprême de toute noblesse, quelle qu'elle soit.

En dépit de ces dégradations, qui tiennent à l'état des mœurs, à l'épuisement d'une société, Longchamp demeure un lieu brillant et les courses, un rendez-vous important de la vie parisienne. Mallarmé, lorsqu'il écrivait des chroniques « parisiennes » sur la mode (ce fut la servitude des deux poètes les plus fiers du XIXe siècle : Baudelaire n'y a pas échappé), Mallarmé définissait Paris comme le lieu où s'accomplissait « ce qui se fait de mieux au monde ». Les champs de courses, théâtres en plein air, et scènes et salles tout ensemble, forment un des lieux essentiels de ce rassemblement. En Angleterre, l'élégance des hommes y affirme sa supériorité : c'est vraiment là qu'on voit à quel point les Anglais tiennent pour secondaire l'élégance des femmes et pour primordiale celle des hommes. La tradition française serait peut-être inverse, bien que les derniers vestiges de la tenue masculine, dans ce qu'elle a longtemps comporté d'obligatoire, apparaissent encore aux courses, notamment durant les deux « glorieuses » de Chantilly. Cependant, il est convenu que la Grande Semaine marque dans le calendrier de Paris le plus haut point de l'élégance féminine. La tribune des dames, pourtant, ne saurait seule y pourvoir. Il en est un petit nombre, dont les années passant n'ont amoindri ni le charme ni le goût, qui maintiennent une réputation à cette tribune ; mais il en est beaucoup d'autres qui ne sauraient échapper à cette féminité du faubourg Saint-Germain (de ce qu'il fut), éternellement empreinte d'un air de province. Les couturiers ont donc, de longue date, délégué aux courses leurs ambassadrices, femmes du monde associées à leur fortune par un recrutement de clientèle, et mannequins appointés. On chercherait en vain entre ces deux catégories d'élégantes professionnelles la place demeurée vide du demi-monde. La demi-mondaine, au sens où l'entendait Dumas fils, existe toujours sans doute, puisqu'il s'agissait de femmes qui avaient rompu avec les obligations de leur rang. Mais cet affranchissement à l'époque de Dumas fils avait conduit beaucoup d'entre elles à accepter des libéralités et des servitudes qu'elles n'avaient peut-être pas désirées tout d'abord. Ces « affranchies » étaient devenues vénales.

Les voyez-vous passer, les belles affranchies ?

demandait à la fin de l'autre siècle un poète de Montmartre qui connut un moment de célébrité. C'était aux « Acacias » qu'il les regardait passer, un peu avant que Proust y admirât, inoubliablement, Odette Swann. Elles passaient, dans leur coupé, au trot luisant de leur équipage, empanachées et aussi oisives qu'on peut l'être. Cette oisiveté n'est plus possible; elle n'est même plus souhaitée sauf par quelques voluptueuses qui ne songent pas d'ailleurs à en faire une profession. L'étranger donc qui, richement pourvu, espérerait trouver à Longchamp, ou ailleurs à Paris, une « reine du jour » à sa disposition serait fort déçu. Il n'y en a plus, en dépit des concours annuels de beauté et des « Miss » élues par les deux mondes. Les plus jolies et les plus astucieuses deviennent *cover-girls*, modèles pour magazines, à moins que leur bon génie ne les conduise dans les studios de Joinville ou les usines d'Hollywood.

Les « mannequins » eux-mêmes, qui promènent à Auteuil et à Longchamp les nouveautés de la saison de leur pas rituel — quatre pas, un petit tour, quatre pas, un petit tour, un petit tour et puis s'en vont —, les mannequins ne répondent pas à ce que la convention bourgeoise leur attribue volontiers de complaisances et de légèreté. Défiler chaque après-midi entre deux haies d'acheteuses et d'acheteurs, le sourire au visage, s'offrir, se soumettre aux regards, dans le silence, comme un *yearling* promené sur la piste du *Tattersall*, puis l'instant d'après passer une autre robe pour la dégrafer un peu plus tard : il y a dans ce consentement, ce déshabillage, cette grâce muette de quoi répandre des illusions souvent trompeuses. Le mannequin qu'une voiture américaine vient chercher entre chien et loup à la porte de l'avenue Montaigne, de la rue Pierre-Ier-de-Serbie ou de la rue de la Paix et qui file au bar en vogue, n'est pas d'une espèce si répandue. Il leur arrive souvent, à ces charmantes filles, de préférer unc aventure moins somptueuse qui se termine par un mariage, avec deux pièces à Montmartre ou dans le XVe, un dîner à faire chauffer en « rentrant », quand ce n'est pas une jeune sœur à surveiller, ou une vieille mère russe qui ressasse des souvenirs du temps de Nicolas II et d'une capitale qui s'appelait encore Saint-Pétersbourg.

ENTRE les courses, les robes du soir et la Comédie des Champs-Élysées, arrêtons-nous au bar de l'avenue Montaigne, trait d'union de ces mondes parisiens, mannequins, danseuses, comédiens, musiciens. Bistrot de machinistes avant de devenir le bar achalandé où la danseuse espagnole vient rafraîchir sa troupe gitane, où les violons de l'orchestre, les grooms du grand hôtel, le virtuose et l'auteur dramatique se coudoient dans l'allégresse de la tâche achevée et de la réussite. C'est Delacroix qui fait remarquer combien l'artiste, une fois achevé son travail, prend de plaisir, s'il en est satisfait, à parler de choses simples avec des gens simples. Ce plaisir naît de toute tâche individuelle lorsqu'on a le sentiment de sa réussite. Cette communauté donne, aux fins d'après-midi et aux fins de soirée, un agrément original à ce bar où nous voici arrêtés. Il n'a pas toujours eu ces belles banquettes rouges; mais il a su conserver son zinc, sa bière à la pression, sa flâneuse terrasse... Le va-et-vient, les croisements du théâtre et de la mode, du spectateur et des coulisses, une familiarité sans vulgarité, en font une image savoureuse de Paris, un peu moins prévue que Saint-Germain-des-Prés. Il y a une nuance entre la « rive droite » et la « rive gauche » qui est aussi ancienne que la formation même de Paris. La rive gauche est la rive des clercs et l'originalité y est formée par la jeunesse et s'appuie sur elle. Rive droite, elle s'adresse à la richesse; elle enrôle la mode et les gens du monde dans ses conquêtes. Que la « Cave » de Saint-Germain-des-Prés vienne se blottir dans un sous-sol de l'avenue George-V, elle va perdre non pas ses attraits ni son mouvement mais son caractère physique, ses uniformes. Elle demandera à l'Amérique quelques-uns de ses souvenirs. Plus de chemises à carreaux, mais des tabliers du Texas.

Le bar de l'avenue Montaigne n'a rien de prémédité. Il est né des voisinages et des circonstances. A six heures et demie, quelques mannequins de l'avenue et du rond-point des Champs-Élysées y viennent, l'été, se rafraîchir et déchiffrer les lettres des camarades en vacances. L'hiver, après les ballets et les concerts, s'y presse la foule des initiés, des gens de métier, ceux qui ne demandent pas des autographes à la danseuse, laquelle dévore des sandwichs avec des dents de vingt ans, partagée entre sa faim, sa gourmandise et la peur de grossir. Et puis il y a, au printemps, à l'instant délicieux où l'on s'aperçoit que les jours allongent, il y a l'avenue Montaigne — quel beau nom! — et son cortège de souvenirs...

L'entre-deux-guerres : près de vingt ans de notre existence, et les meilleures rencontres de l'art et de l'amitié. Louis Jouvet a pu émigrer de l'Alma à l'Opéra (sans l'avoir désiré), c'est ce carrefour qu'il ne cessera d'occuper dans la mémoire de ceux qui, les premiers, l'applaudirent. Lorsqu'en 1946, après une longue absence, Jouvet rentrait lui aussi à Paris, Giraudoux n'était plus là pour lui tendre les mains, mais sa messagère d'outre-tombe était de ce quartier et c'est le café de la place de l'Alma qui devait servir de toile de fond à l'apparition de *La Folle de Chaillot.* Les marronniers de l'avenue Montaigne ne répandent pas pour nous la même odeur que les autres marronniers (de même que pour Marcel Proust les « petit-beurre » du Ritz, les mêmes qu'ailleurs, avaient un autre goût, au Ritz, qu'ailleurs...). Car c'est là, sous ces marronniers (peut-être étaient-ils en fleurs), que le 18 mai 1928 nous sommes passés pour assister à la première de *Siegfried*, début au théâtre de Giraudoux; sous ces marronniers, nous avons plus d'une fois accompagné Valentine Tessier et Louis Jouvet, ou quelques-uns des siens, la représentation achevée, pour aller boire un verre à la terrasse de l'Alma; sous ces marronniers nous avons confié à la nuit les émois de tant de concerts, les enivrements des ballets, instants d'après le spectacle où l'on n'est pas encore tout à fait redevenu soi-même, où l'on se sent fort encore d'enthousiasmes vibrants et de songes surhumains...

Ce fut un peu, cette première de *Siegfried*, pour ceux de notre génération notre *Hernani*. Du moins nous le croyions et si nul d'entre nous ne portait de gilet rouge sous son smoking, du moins étions-nous prêts à batailler pour défendre les débuts de Giraudoux sur la scène parisienne. Comment cette prose coulante mais, comme l'eau, diaprée et difficile à saisir serait-elle accueillie ? Comment cet esprit qui avait créé son propre monde d'illusion, ses envolements et ses trappes, s'accommoderait-il des servitudes du théâtre et de ses sentiers ? Pirandello, sur cette scène, les avait abolies en faisant descendre par l'ascenseur des comédiens, dans la nudité du plateau, six personnages en quête d'auteur. Mais Giraudoux le Limousin n'était pas Pirandello le Sicilien, animateur de marionnettes à taille humaine suspendues au fil du doute et du hasard. Il était une autre forme du talent, mais, comme Pirandello, supérieurement doué pour l'art dramatique. Nous en recueillîmes la certitude dès les premières scènes de *Siegfried*. Un auteur était né, un souffle jaillissait, un air neuf circulait dans la salle, ranimait la peluche des fauteuils, ravivait la dorure pâlie des balcons. L'habile homme qui, de sa préciosité, rajeunissait le théâtre en lui offrant enfin des tirades et des couplets, ce qui ne s'était pas accompli depuis *Cyrano*, ce qui ne s'était pas réussi en prose depuis Musset ! L'habile homme qui proposait au public le débat d'âme de Siegfried entre ses deux patries...

Nous ne devions pas oublier l'apparition de Zelten l'Allemand et de Robineau le Français, se retrouvant face à face dix ans après la tragédie de la guerre, et s'interpellant avec hésitation : *Est-ce toi Robineau, Hippolyte, Amable ?... — Oui, fils d'Arminius, c'est moi !...* » Le dialogue, renoué ce soir-là portait une espérance que l'avenir n'a pas réalisée. Moins de cinq ans plus tard, les hurlements du fanatisme couvriraient ce langage de raison et d'humaine sympathie. Les comédiens qui le tenaient, Boverio, Romain Bouquet, tous deux sont morts depuis longtemps, Romain Bouquet, masque charmant de la *Commedia dell' Arte*, ayant définitivement dénoué ses traits en 1943, durant son exil sud-américain. Giraudoux, lui aussi, n'a pas survécu à ces espoirs brisés, aux mains tendues écrasées sous des bottes. Mais, ce soir-là, nous n'aperçûmes dans l'avenir que le succès d'un écrivain, et un nouveau rayon de gloire se posant sur la dramaturgie française.

Le public, à l'entracte, donna son adhésion dans cette agitation qui signale toute répétition ou toute « première » importante : conciliabules hautains, décrets échangés entre des décolletés et des cravates noires, palabres dans des nuages de fumée ou des courants d'air. Entre le bar et les panneaux de Vuillard, Paris avec sa douzaine de critiques, sa couturière flanquée de peintres et de musiciens, ses femmes du monde et ses curieux attitrés, Paris consacra au théâtre l'auteur de *Siegfried*. Nous allions le rencontrer, le dernier acte achevé, un peu pâle, la lèvre fine et souriante, le regard limpide derrière ses lunettes à la Chardin, si volontairement courtois dans la bonne grâce : « Vraiment, cela vous plaît ? » tandis que Jouvet, plus pâle encore, traversé de doute, ainsi qu'à chacun de ses nouveaux efforts, demandait de sa voix de vigie sur un vaisseau fantôme : « Alors, c'est un succès, vraiment, tu crois que c'est un succès ?... » Déjà, le bruissement du succès envahissait la loge, robes du soir des précieuses et papillotage des épithètes : « C'est délicieux ! », « Cher ami... », « Ravissant... ». Je rejoignais un souvenir de mon enfance, ma première soirée de théâtre, lors de la « première » de *L'Aiglon*, où les précieuses éternelles, celles qui accompagnent toute nouveauté brillante, saluaient Rostand au comble de la gloire. Giraudoux leur tendait un art plus difficile et plus rare. Mais la tradition demeurait intacte : ces dames tenaient dans leurs mains fines, ce soir de 1928, comme un bien patrimonial, la chaîne d'or de la préciosité...

La scène a associé la mode à sa gloire; elle a contribué à former ce prince du Paris moderne : le couturier. Elle l'a rapproché du peintre, elle les a unis pour la perfection et la fastuosité de ses spectacles. J'ai vu naître ce pouvoir qui est assez récent dans l'histoire des mœurs. Avant la guerre de 1914, un grand couturier était ce qu'était un grand joaillier : un commerçant estimé qui s'était frotté aux cours d'Europe en habillant des princes ou en vendant un diadème à la reine, mais qui gardait ses distances. *Fournisseur de Sa Majesté le Roi de...* Ce titre gravé sur ses factures et tissé dans la signature de ses complets (lorsqu'il en avait reçu l'autorisation) indiquait assez la nature des rapports qu'un grand couturier ou qu'un tailleur en renom pouvait avoir avec sa clientèle. Le mot « fournisseur » demeurait dans le vocabulaire du commerçant et précisait la nature de ses services. Le crédit, les notes volontairement passées par profits et pertes, n'altéraient pas ces rapports ni ne les rendaient plus familiers. Il fut un temps où un prince, où un dandy, estimaient que c'était vraiment un honneur de les habiller, même s'ils négligeaient de payer leur facture. J'ai connu, comme tout le monde, l'un de ces seigneurs, dont le faste a ébloui quelques saisons la chronique parisienne; qui vraiment se ruina pour demeurer fastueux à sa guise, et qui, ruiné par un divorce et par ses libéralités, consacra le reste de sa vie, de son entregent et de ses maigres revenus à recevoir chez lui, pour le plaisir d'accueillir dignement ses amis. Je me rappelle un été où, les journaux ayant révélé le gain, extraordinaire alors, de quatre millions gagnés en quelques jours de Deauville par un « banquier » heureux, nous supputions les uns après les autres ce que nous ferions d'un tel gain s'il nous était échu. Un abbé parisien, homme d'esprit et saint homme, indiqua tout de suite l'œuvre, charitable aux artistes, à laquelle il consacrerait ces millions; une dame bâtit quelques médiocres châteaux en Espagne; une autre parla de « viager ». Nous manquions, à vrai dire, d'imagination.

Lors, je demandais à notre hôte ce qu'il ferait si cette faveur du sort l'avait ainsi comblé. Boni de Castellane se redressa un peu, et la tête haute, le regard tourné vers un invisible horizon : « Ce que je ferais? Mais... des dettes!... » répondit-il comme la chose la plus simple du monde. La plus exacte, en tous les cas. Car il en eût fait ainsi qu'il le disait; et je pense que ses fournisseurs n'auraient pas manqué de les lui faciliter et d'en être flattés.

Des dettes!... Le prince de Galles qui serait un jour Édouard VII en avait contracté vis-à-vis de son tailleur, un excellent tailleur, qui avait acquis une aisance de gentleman à habiller le Londres de la Cour et aussi quelques fameux Parisiens. Les services rendus par ce tailleur à son prince avaient même sans doute dépassé l'oubli qu'il accordait à ses notes. Bref, quand le prince fut devenu roi, Sa Majesté décida d'honorer tant de fidélité et, ayant ordonné un grand bal à la Cour, il y invita son tailleur. Ce grand bal comportait surtout un grand nombre d'invités; et le tailleur, après avoir salué son prince et considérant la salle, crut devoir le remarquer : « Beaucoup de monde!... » A quoi Édouard VII sur le même ton de simplicité lui répondit : « Je ne pouvais pourtant pas n'inviter que des tailleurs... »

Aujourd'hui, la situation est renversée et ce sont les rois plus ou moins en exil qui vont « en week-end » chez les couturiers. Il est vrai que bien des trônes se sont brisés sous les orages, depuis un demi-siècle, et que les couronnes errent de palaces en palaces à la recherche des palais perdus. Dans le même temps, les couturiers sont devenus rois, partageant la souveraineté de l'actualité avec les princes de l'écran. On a vu poindre cette autorité et la bruyante réussite qu'elle comportait aux lendemains de la première guerre. Un couturier eut l'audace, aujourd'hui banale, de passer des culottes aux femmes, de choisir et de vendre les verroteries dont il accompagnait leurs robes, d'installer un théâtre dans son jardin, de composer un style d'appartement, de donner des péniches de luxe à la Seine et de peindre en écossais la carrosserie de sa voiture. Il y avait une originalité véritable, un sens luxueux de la matière et du faux goût chez ce créateur jamais en repos. Du moins ne s'était-il pas trompé sur le talent d'autrui : il avait prédit la gloire à l'un des grands artistes de notre temps, Dunoyer de Segonzac, qu'il tyrannisait de son amitié. Les modes passent sans ménager ceux qui les créent. Le prince déchu est mort pauvre et presque oublié.

Moins prodigue, le goût plus sûr, la couturière qui assura la relève de cette royauté scella définitivement le mariage d'inclination et de raison entre les arts et la couture. Cette femme sut refuser une union qui lui apportait un des plus grands titres d'Angleterre : « Je ne serai jamais duchesse à Londres et je ne serai plus (et elle citait son nom...) à Paris. » Orgueil judicieux : sa royauté parisienne s'étendait de la haute mode au surréalisme, des filatures de Roubaix aux poètes de *La Nouvelle Revue Française*. C'eût été faiblesse d'abandonner ce délicieux pouvoir qui plaçait tant de clés de Paris entre ses mains.

Les successeurs ne montrent pas moins de goût et d'autorité. Peut-être attendent-ils moins de Paris la puissance et la gloire. Ils savent que les grandes consécrations se font en Amérique et qu'il n'est pas de suprématie sans débarquement à New York et séjour en Californie. Ils sacrifient à ces rites de voyages, de photographies, d'interviews, d'habillages de films et de ballets... Après quoi, un sceptre à la main — qu'ils ont fine — ils peuvent vendre à une inconnue, dont le mari « est dans les huiles », quatre ou cinq robes, dont le prix d'une seule eût fait la fortune d'un ménage, il y a trente ans...

Le lien le plus brillant entre les Arts, le Théâtre et la Couture fut noué par un artiste d'un goût sûr, d'une improvisation jamais défaillante, qui savait poser un tulle sur la taille d'une fée, habiller Molière, animer un ballet, restituer au poète les nuances de son rêve. Si peu que nous souhaitions donner à ces tableaux de Paris le ton d'un guide, il faut bien nommer Bérard puisque nous avons parlé de Giraudoux, et évoquer ce gros garçon joufflu, qui conservait quelque chose d'un enfant, ayant toujours peur d'être pris en faute, alors qu'on ne le prenait qu'en réussite. Je le revois, s'étant épousseté la barbe d'une main négligente, parfumé à la hâte d'eau de Cologne, et donnant des conseils qui étaient toujours exacts et d'un goût fin. Il a aimé ce qu'il faisait et l'a remarquablement servi. Il n'y a pas eu de regret chez Bérard, ni de désir d'être un autre artiste que ce qu'il était, car il a été supérieurement le petit maître qu'il fut. Bérard est mort, écroulé à l'aube dans un fauteuil d'orchestre après une nuit passée à décorer un spectacle de Jean-Louis Barrault, à en dresser l'architecture merveilleuse : une scapinade rose et grise installée sous le ciel et dans l'escalier d'un port méditerranéen. Bérard, que la familiarité parisienne, celle du théâtre et des gens du monde, pour lui conjuguée, nommait Bébé, Bérard donc, possédait ce don miraculeux qui fut celui du génie de Watteau, celui, dans leurs affiches, de Chéret et de Capiello, celui de ce funambule inoubliable le jongleur Rastelli : don de suspendre des masses dans l'air en leur gardant une légèreté. Échapper ou sembler échapper à l'attraction des corps, se soustraire aux lois de la pesanteur, ne plus entendre l'appel de la terre, c'est cela, la poésie. Bérard, sur une scène, la détenait doublement. Ce gros homme aux talons étroits, tête de Silène sur une barbe blonde, bondissait d'une salle obscure sur le plateau avec une légèreté surprenante. De ses doigts potelés, il s'emparait d'une comédienne, il chiffonnait un instant son chapeau ou son décolleté; il reculait un portant, déplaçait une chaise, une table, un projecteur, et ce qui était morne, l'instant d'avant, devenait plaisant, aérien, accordé au texte ou à la danse qui allait naître. Pendant vingt ans, illustrant un programme ou un magazine d'Amérique, décorant un ballet ou un spectacle de Louis Jouvet, Bérard n'a jamais cessé d'être un artiste. S'il a trop accordé à la vie parisienne, à une renommée dévorante, s'il n'a pas choisi de se plier, comme il eût pu et dû le faire, aux rigueurs du métier de peindre ce n'est pas à nous, ses spectateurs parisiens, de le lui reprocher, car il a orné nos plaisirs avec une grâce et une justesse de goût que nous ne reverrons sans doute pas de longtemps.

CES anecdotes, ces visages en prose fixent-ils quelques traits d'une capitale et des mœurs, au moment où, Paris m'étant redevenu familier, je les écris ? Aideront-ils l'avenir, si ce livre survit aux destructions, à comprendre ce qu'était Paris, en certains de ses aspects, quand le XXe siècle en était à la moitié de sa course ? J'ai voulu ressaisir Paris, en ses différents aspects, après une longue absence. Mes promenades habituelles sont peut-être moins brillantes, moins vouées à ces rendez-vous frivoles, à ces soirées où je retrouve trop aisément l'ennui dans ce qui paraît être le plaisir. Quand je veux entendre chanter je vais au concert, à l'Opéra (ou bien je prends le train pour Milan) ; mais la soirée mondaine, les chaises dorées à capiton rouge, et les invités tournant le dos à la chanteuse et montant au buffet, à peine finie la romance, quelle tristesse ! Je ne me sens pas la verve d'eau-forte de Saint-Simon, ni l'humour, impitoyable en sa courtoisie, de Marcel Proust, pour écrire le chapitre sur la mauvaise éducation des gens du monde. Elle est notable pour beaucoup d'entre eux, qui ont pris notamment la manie, jadis populaire, de vous parler tous à la fois pour ne rien dire, et d'énoncer sur le ton de l'autorité décisive des jugements qu'on ne leur demande pas. Les amis de Stendhal (dans le salon du baron Gérard) l'appelaient malicieusement M. Jemoi, parce qu'il commençait volontiers ses phrases par un : « Moi je » qui surprenait alors, et qui est devenu aujourd'hui si banal que personne ne le remarque plus. Que de dames et de messieurs Jemoi dans la ville d'à présent et qui n'ont pas la fantaisie, fût-elle même un peu lourde, que Beyle devait avoir! Cette importance qu'ils donnent à leur jugement se traduit en termes démesurés qui le rendent encore plus insupportable, sinon plus vain. Car la remarque, souvent citée, de Talleyrand : « Tout ce qui est exagéré est insignifiant », n'est plus exacte dans un monde où l'opinion se forme sur des exagérations. Le langage a subi une inflation qui contredit, à présent, la sentence du prince, et c'est la mesure qui devient insignifiante parce qu'elle passe inaperçue. Le critique qui dose ses compliments ou ses reproches n'a plus de crédit : il doit donner à ses jugements, s'il les veut saisissants, le poids des qualifications excessives. Dès lors, la moindre Agnès et l'ingénue libertine du dernier cru deviennent géniales l'espace d'une saison; et le comédien renommé, à la première défaillance, est invité à donner mesure au fossoyeur. Si l'on ne recourt pas à ce vocabulaire excessif, on ne se fait plus entendre. Par contagion, les conversations de salons (enfin, ce qu'il en reste), des bars et des cafés ont pris le même ton. On y fait et défait des renommées avec une suffisance qui n'est même plus irritante. Elle inspire à l'homme de goût et qui tient à son goût une réserve ou des acquiescements pleins d'une feinte condescendance. A moins, ce qui est également raisonnable, qu'il ne se réfugie dans une demi-solitude, qu'il s'éloigne, la pensée ailleurs, ou qu'il attache son regard sur quelque belle et surprenante créature, s'il en est une dans la compagnie, en essayant de la déchiffrer.

Celle qui se tait — que j'ai vue hier et n'ai pas oubliée — et sait se taire bénéficie d'ailleurs dans tant de bruit inutile d'un certain mystère. A quoi songeait-elle, sous son aigrette tremblante, les yeux baissés sur un nez dont les ailes camuses frémissaient doucement lorsqu'elle expirait la fumée de sa cigarette ? Son visage et son cou sont pâles et lisses, pâlis et lissés par trop de nuits vaines, de repas sans faim, de retours à l'aube et d'insatisfactions indéfinies. De ces femmes dont on pense : « Peut-être n'a-t-elle pas été aimée comme il fallait l'aimer. Mais peut-être n'aurait-elle jamais compris qu'on l'aimait comme il était bienfaisant pour elle qu'elle le soit ? » On imagine un roman : « Est-il trop tard ?... Est-il encore possible de donner une âme à ce visage; une pensée à ce front, une vibration à ce long cou indifférent ? » On s'approche pour commencer dans tant de bruit une conversation qui ne soit pas publique, qui soit déjà une distinction et la marque d'une sympathie. Elle saisit au vol cette préférence, en tire tout de suite une conclusion pratique, et d'une voix entêtée dans sa lassitude : « Les Untel sont vos amis, n'est-ce pas? Dites-leur donc qu'on pourrait partir, aller je ne sais où, chez Maxim's, à Montmartre ou à Montparnasse. Oui, partons. » Voilà ce qu'elle attendait et le secret de son silence : le rendez-vous de minuit, qui la conduirait encore une fois dans ce qui ne change jamais, le bruit de l'orchestre, la courtoise insolence des maîtres d'hôtel, l'espace de plus en plus réduit où les couples se donnent une illusion d'entente, de danse et d'oubli.

Je ne sais plus, je ne saurais plus prendre mon plaisir à ces bruits de Paris. Un homme d'esprit, républicain sous l'Empire et qui, devenu directeur d'un grand journal austère sous la République, mettait dans sa vie la frivolité qu'il ne mettait pas dans son journal, fit un jour à une de ses amies une réponse cynique et certainement sincère : « Quel plaisir, lui demandait-elle, pouvez-vous prendre à des amours de passage? — Quel plaisir, chère amie? Mais le cigare que j'allume en descendant... »

Voilà le seul plaisir de ces parties nocturnes, de ces haltes devant des seaux à champagne et des danseuses hébétées : le moment où je partirai, où je me retrouverai dans la nuit avec des ombres familières. Rien ne vaut la solitude de Paris, la nuit, pour rejoindre, sans avoir à les chercher, ceux qu'on aime, ceux qu'on admire, toujours présents au premier souffle. Quand j'habitais Rive gauche et que je rentrais du Quartier latin, non loin de la rue Hautefeuille où il était né, Baudelaire commençait de m'accompagner, silencieux et grave, le secret d'un songe en suspens sur ses lèvres rases.

Dans les plis sinueux des vieilles capitales
Où tout, même l'horreur, tourne aux enchantements...

Nul poète n'a su, mieux que lui, prendre la ville pour confidente, en faire l'intime de son esseulement, témoin de sa faiblesse, consolatrice d'un cœur jamais rassasié d'amertume et de fierté. Très loin, encore invisible dans les rues étroites, l'aube, lentement, blanchissait le ciel. Il fallait parvenir aux grandes avenues, pour apercevoir cette clarté naissante qui nous ferait plus pâles, et un peu honteux, en nous mêlant aux suprêmes promeneuses et aux premiers travailleurs. Baudelaire soudain n'était plus là; il avait pris discrètement le chemin de ses paradis.

DIMANCHE matin, le quai Voltaire était désert, les boîtes des bouquinistes closes. Nul antiquaire ouvert, nulle vitrine où mobiliser une flânerie. Un autobus passait, presque vide. Je suivais le quai où j'ai marché tant de fois avec plaisir. Il y avait jadis entre la rue de Beaune et la rue des Saints-Pères, un libraire chez lequel je me consolais des livres que je ne pouvais acheter, un peu plus loin, chez Mme Belin, qui aura rangé sur ses rayons toutes les grandes « originales », tant de reliures d'illustre « provenance ». Mais elle les appréciait. « On ne vend bien que ce qu'on aime ! » disait un fameux marchand de tableaux qui a fait fortune en son temps. Mme Belin qui aimait les livres les vendait bien.

Mon libraire s'appelait Revet. Il était courtois, fureteur; il passait ses après-midi et même quelquefois ses matins à l'hôtel Drouot où il achetait des « paniers », et son magasin assez bas, mais profond, était rempli de livres de toutes les sortes et de tous les temps. Parmi beaucoup d'exemplaires modestes, on découvrait parfois des raretés. J'ai trouvé chez lui l'édition originale de *Béa-*

trix, fraîche comme un regard de jeune fille, pour quinze francs. Il est vrai qu'il y a trente ans c'était encore une somme; néanmoins, ce n'était pas cher. Je ne passe jamais quai Voltaire sans saluer d'un souvenir ce souvenir disparu. J'y avais rencontré Stefan Zweig, amoureux de livres et de Paris, de ce quai de Paris d'une harmonie si aisément accessible et si justement inoubliable. Je suis sûr que Zweig, durant son amer exil d'Amérique, lorsqu'il évoquait ce qu'il avait laissé derrière lui : Vienne dont il avait connu le meilleur temps, Salzbourg où il s'était composé une charmante demeure, dut plus d'une fois leur joindre ce pays parisien, la boutique du « père Revet » et la ligne droite du quai où la flânerie conduit sans qu'on y pense à l'Institut, c'est-à-dire devant l'un des plus beaux horizons du monde. Croire un instant qu'on ne reverrait plus jamais ces lieux, quand on les avait vraiment aimés, c'en était assez pour désirer mourir. Stefan Zweig s'est tué. Pourquoi n'a-t-il pas attendu? Paris lui aurait de nouveau tenu le langage de ses pierres et cela, avec âme, car Paris sait mieux qu'aucune ville adopter et reconnaître ceux qui l'ont compris...

Y avait-il, ce dimanche matin, quelque chose de mieux à faire? Je ne le pense pas. Une date anniversaire me suggéra cette visite. Je remontais la rue Bonaparte jusque devant la cour romaine de l'École des Beaux-Arts. Je tournais. Oui, c'était bien là : une plaque le rappelle. J'entrais et montais un étage. On aperçoit de la fenêtre un jardin enfermé entre de hauts murs. Deux arbres dans ce jardin, grand comme une cour, un figuier et un autre arbre — peut-être un catalpa — difficile à définir dans sa nudité d'hiver. La chambre est assez étroite, égayée de cretonne, de papier fleuri. Le lit longe la cloison parallèle à la fenêtre; mais la lumière de novembre descendait mal jusqu'à ce premier étage et il fallait de l'attention pour fixer la forme exacte des choses. C'est dans cette chambre, le vendredi 30 novembre 1900, à une heure trois quarts de l'après-midi, et après deux jours d'agonie, qu'est mort Oscar Wilde. Nul parent auprès de lui, mais son ami Robert Ross, et un de ces témoins que leur curiosité, leur cœur et la main du hasard conduisent à ces rendez-vous saisissants. Celui-là se nommait Dupoirier. Il était, je crois, le propriétaire de l'hôtel où Wilde quittait la vie.

Cet hôtel de la rue des Beaux-Arts est demeuré fidèle au souvenir. C'est un petit hôtel fréquenté à présent par des voyageurs du Nord, des artistes, des étudiants et bâti autour d'une rotonde intérieure qu'eût appréciée Palladio. Wilde devait la regarder comme une montée inaccessible vers le ciel. Dans le petit salon de palissandre, on conserve le bougeoir de l'écrivain chiffré au numéro de sa chambre; dans une autre pièce, la pendule au lion de bronze noir où le poète dut voir passer les dernières heures de son existence. Avoir été l'un des hommes les plus brillants de son temps, un artiste provocant et rare, et mourir, loin de chez soi, dans la solitude et sous un nom d'emprunt, quelle réussite, à vrai dire, si l'on a joué finalement la carte de la fierté et d'un hautain silence!

Je suis demeuré plus d'un instant dans cette chambre que précède une autre chambre où Wilde écrivait. La gouvernante de l'hôtel, qui me montrait les lieux, ne prononçait pas un mot qui ne fût déférent pour la mémoire de l'écrivain, qui ne fût empreint d'un tact naturel. Je souhaiterais écrire comme elle me parla sans prendre d'autres mesures que celles d'une tradition sans jugement. Il est un peu trop facile d'évoquer le mauvais goût de Wilde, de constater que *Dorian Gray* et *Lord Arthur Savile* se sont effacés comme des portraits mal fixés, que tant de paradoxes, de brusques insolences répandues dans son œuvre ont perdu de leur saveur. Tout cela est vrai en partie, seulement en partie. Dans le « mauvais goût » d'un artiste, il est une part de mystérieux sacrifice consenti à l'avenir. Les fautes commises profitent à ceux qui vont suivre : elles ont assurément servi André Gide qui l'a reconnu par les « repentirs » de son *Journal* dès qu'il y parle de Wilde; elles ont sans doute également protégé le goût plus rigoureux de Marcel Proust.

L'attitude d'esthète d'Oscar Wilde devant son pays et devant lui-même est une réaction naturelle en Angleterre où pendant longtemps il n'exista pas de bourgeoisie intellectuelle. Le puritanisme protestant et le pharisaïsme des marchands ont créé, par opposition ou solitude, la dissidence hautaine de l'artiste, sa raillerie, cet élégant dédain qui est le secret du dandysme. L'esthétisme de Wilde, certes, a comporté de fâcheux moments :

il en a eu d'excellents... Il avait bien plus d'esprit que Bernard Shaw, Irlandais comme lui et comme Sheridan. Quand il touchait au point juste, il montrait sur les œuvres beaucoup de pénétration; il possédait une délicieuse invention pour ordonner des symboles, imaginer des contes brefs dont il a fait des poèmes en prose. Et, lorsqu'il parlait de l'art, il a été un grand esthéticien.

C'est avec son désastre, l'opprobre public, la chute, la ruine, qu'il rejoignit sa grandeur totale. Je ne pense pas qu'il l'ait cherchée ainsi, quoique un mot étrange confié à André Gide ait l'accent d'une volonté, si ce n'est celui d'une prédestination : « Je ne puis m'arrêter, disait-il... *Il faut qu'il arrive quelque chose...* » Ce « quelque chose » fut ce qui lui inspira le *De profundis* écrit sur la planche de sa prison, et *La Ballade de la geôle de Reading*. Ce « quelque chose » est arrivé. La déchéance convenablement supportée jusqu'à la mort dans l'hôtel parisien n'est qu'un sacre de solitude accordé à ces œuvres émouvantes, les plus belles que le poète ait produites.

... L'ai-je vu une fois, cet homme audacieux et châtié, lorsque j'étais un enfant et qu'il rencontrait encore à Paris l'un des très rares écrivains, Henry Bauër, qui aient pris sa défense dans l'adversité? Je le crois; pourtant, je n'ose en témoigner (tant de souvenirs de la première enfance n'étant sincèrement, au souffle de l'imagination, que ce qu'on voudrait qu'ils aient été). Mais je sais bien l'avoir vu dans cette chambre d'hôtel, devant ce maigre jardin effeuillé par l'hiver...

De la rue des Beaux-Arts, il suffit aujourd'hui de remonter la rue Bonaparte pour être au cœur de la nouvelle jeunesse de l'esprit. J'ai connu l'époque où Montparnasse détrôna Montmartre. Ce n'est pas si loin le temps où les peintres eux-mêmes, qui croyaient ne pas pouvoir devenir célèbres sans être passés par le « Bateau-Lavoir », et sans avoir une fois au moins planté leur chevalet rue Saint-Rustique, descendirent de la Butte, passèrent les ponts et rejoignirent l'Amérique dans les ateliers de la rue Delambre. Paris n'a pas le monopole de ces transferts d'influence : Chelsea, à Londres, fut pendant un demi-siècle le sanctuaire de toute renommée artistique. Bloomsberry lui a succédé, maintenant pour les artistes les mêmes traditions d'esthétisme hautain. Et voilà, de nouveau, Chelsea en faveur. Mais Chelsea n'est jamais devenu une foire, ni une étape de tournées nocturnes pour bourgeois de province et cars d'étrangers : ce que sont devenus Montmartre et Montparnasse depuis vingt-cinq ans. Le même sort attend Saint-Germain-des-Prés, sa flore et ses magots, cafés littéraires bien avant que n'y aient passé « les chemins de la Liberté ». *Sous le signe de Flore* n'est pas un titre d'hier, et que de fois, l'été, avons-nous vu Paul Souday crayonnant, en nage, les marges d'un livre à la terrasse de Saint-Germain-des-Prés. Que de fois nous nous sommes assis aux « Deux Magots » avec des « habitués » du VIe et du VIIe arrondissement, Edmond Jaloux, François Porché, riverains de la rue du Bac, Jean-Louis Vaudoyer, compagnons de Giraudoux et de son chien *Puck*, qu'il appelait Puque pour qu'il ne fût pas trop orgueilleux. Combien étaient calmes alors le Pré-aux-Clercs et la rue Saint-Guillaume et nous raillions Giraudoux d'y être le voisin provincial de René Doumic. L'existentialisme reposait au fond des cœurs heideggeriens et n'avait pas pris son éclat de vedette internationale. Aujourd'hui, *La Semaine à Paris* propose des « caves existentialistes » à ses lecteurs, comme des attractions aussi indispensables à connaître que le « Cabaret du Néant ». D'ailleurs, quelques-uns de ces lieux proches de l' « Abbaye » comportent encore l'agrément d'une jeunesse authentique, dont la musique et la danse ne constituent pas les seules originalités. Il y aura peut-être, à la suite de M. Jean-Paul Sartre, une école de Saint-Germain-des-Prés, qui produira, dans trente ans, autant de souvenirs qu'en ont inspirés Montmartre et le « Lapin à Gill ». Ces jeunes gens en chemises écossaises, aux barbes de prix de Rome, seront nos successeurs à l'Académie Goncourt. Ils auront dessiné la courbe parfaite de toute carrière. Et leurs camarades d'à présent, ces filles échevelées (coiffez-moi « sale »!) en pantalons et en blousons lâches, devenues des égéries, leur recommanderont des débutants. Glatigny chantait déjà à la saison des *Vignes folles*...

Que deviendrons-nous, ma petite amie,
Lorsque nos deux cœurs seront sans parfum?
Alors je serai de l'Académie,
Alors tu seras au bras de quelqu'un...

Mais on ne s'y promène pas la main dans la main, comme Glatigny dut faire. On y danse et l'on y boit furieusement, on s'y bouscule, on s'y étreint, on s'y bat, on y pratique des jeux sauvages; on ne s'y embrasse guère en public : cela ferait trop romance! Les baisers ont d'autres patries, d'autres cafés, plus solitaires, des chemins de halage du cœur, des squares de banlieue, des socles de statues et des cinémas. Il faut avoir l'œil frais du voyageur et du retour pour les remarquer partout où ils s'échangent et saisir avec tant de délicate précision la grâce de leur élan. Il est un moment où on ne les voit plus, pas plus qu'ils ne vous voient. Baisers parisiens qui s'échangent au hasard des ombres, des repos ou des adieux. Baisers provinciaux, enhardis par l'anonymat et le voyage de noces. On s'embrasse en contemplant Paris à Montmartre, à la première ou à la seconde plate-forme de ma vieille amie : la tour. Je l'aime beaucoup. C'est sans doute une sympathie de contemporain. Nous avons grandi ensemble, elle, il est vrai, plus vite que moi;

et nous avons vieilli ensemble, elle beaucoup moins que moi. Mais elle fait partie de ma génération : nous avons connu les mêmes événements, regardé les mêmes aurores et les mêmes couchants ; nous avons vu, ensemble, disparaître de vieilles habitudes, comme le Trocadéro, s'allumer et s'éteindre des expositions aux rives de la Seine et passer sur le ciel les premiers avions. Bref, je lui suis attaché par des liens plus solides encore qu'une accoutumance : par une communauté qui donne aux souvenirs la force d'une sympathie. Elle a pour elle la fidélité. Sa présence accompagne nos retours et nos joies, sa sérénité domine nos inquiétudes. Elle est toujours là. Si elle ne devait plus y être, si soudain on nous annonçait qu'une mystérieuse usure va la ruiner, j'en ressentirais certainement de la peine. Mais sa santé, par bonheur, est incomparable et elle durera plus longtemps que nous.

Elle finira par rester seule de son âge à contempler la vaste aventure de Paris. A ce point du siècle, elle possède encore d'attentifs complices (bien que cette génération-là ait eu beaucoup à souffrir) et nous sommes encore quelques-uns à pouvoir dire : « Nous avons l'âge de la tour... » C'est en avril 1889 que M. Eiffel dénoua depuis la troisième plate-forme le drapeau de sept mètres, de toile fine et d'or, qui marquait l'achèvement de son œuvre. La tour était en avance sur l'exposition : les ouvriers qui l'avaient construite s'étaient employés avec une ardeur exemplaire. M. Eiffel les félicita. Cependant des « gens de goût » protestaient avec véhémence : François Coppée affirmait que Paris était déshonoré et Huysmans qu'il était devenu inhabitable. C'était beaucoup dire; mais il faut pardonner ces fureurs. Si je n'avais eu alors quelques semaines à peine, je les aurais peut-être soutenues. Il nous revenait, à nous ses contemporains, et à ceux qui nous suivirent, de comprendre la beauté de la tour, de reconnaître qu'elle était d'une sobriété magnifique et qu'elle s'élançait vers le ciel avec une tranquille et fascinante audace...

Parfois, je retourne la voir, comme ferait un étranger. Il y a toujours beaucoup de monde pour lui rendre visite. Même quand l'hiver semble avoir tari Paris de ses voyageurs, il s'en trouve encore pour prendre l'ascenseur et s'élever parmi ces muscles tendus et ce fer dompté. L'ascenseur, le guide, les divertissements du premier étage, tout porte l'âge que nous avons, sans chercher à tricher sur les années, ni sur le style qui les avoue. Mais entre sa naissance et l'heure présente, que d'inspirations ne lui doit-on pas? Les « Six » lui ont consacré leurs premières musiques, Giraudoux lui a confié une prière, Jean Prévost son amour de la technique et son espérance héroïque, sans parler de tant de chansons dont quelques-unes ont eu du charme. La tour septuagénaire n'a pas à se plaindre : sa carrière d'inspiratrice n'est pas médiocre. Elle dure encore : preuve de sa jeunesse et de sa beauté de fer tendue vers le ciel.

Je n'ai jamais habité Montmartre; c'est-à-dire que je ne le connais pas ou mal. Car pour connaître Montmartre, il faut l'avoir éprouvé le jour; il faut avoir partagé avec ses habitants cette molle complicité des réveils tardifs, des courses faites chez le boulanger et le boucher vers midi, quand ce n'est pas l'après-midi, le cheveu au vent et sans corset (du temps qu'on en portait encore)... Montmartre, la nuit, c'est un décor, c'est une pièce dont les tableaux et le dialogue ne changent guère depuis tant de soirs qu'on les répète. Ce Montmartre-là, je l'ai connu, comme tout Parisien, et je ne saurais faire le compte des nuits que j'y ai passées, des « établissements » que j'y ai fréquentés. Il en fut un auquel je fus assez constant, par amitié pour un de ses habitués qui ne pouvait vraiment trouver de sommeil réparateur que sur ses banquettes. Il s'y rendait, comme les fonctionnaires de Courteline allaient à leur bureau, pour jouer aux cartes et pour dormir. Cher Nico! Dois-je écrire son nom? Certes et ce n'est pas nuire à sa mémoire! Fantaisiste, indolent, joueur, artiste, Nicolas Coronio, Nico pour ses amis, a été un de ces Parisiens, d'autant plus attaché à Paris qu'il l'avait choisi par élection. Ses aînés sinon lui-même, car il devait y être né. Enfin, il l'aimait. Il y avait grandi; il en avait connu les fastes et les célébrités, celles du *Figaro*, celles de Longchamp et celles de l'Opéra. Avant tout et par-dessus tout il était musicien. Intime ami de Debussy, il avait reçu la confidence de ses travaux et de ses espérances. Il pouvait jouer *Pelléas*, de mémoire, entièrement; et c'était au piano qu'il retrouvait encore sa jeunesse et son élégante fraîcheur lorsqu'une vie assez éprouvante les eut doucement éloignées de sa personne. Vers onze heures, le soir, quand il était las d'une conversation frivole ou du spectacle auquel on l'avait conduit, Coronio vous demandait : « On va à l'*Abbaye*? » tout comme si vraiment cette question pût être controversée, alors qu'elle ne soulevait aucun doute dans son esprit. On allait donc à l' « Abbaye de Thélème », place Pigalle. La place Pigalle était à peu près exactement ce qu'elle est aujourd'hui et que la chanson de Georges Ulmer a si plaisamment décrit. Les lumières étincelaient au fronton de ce cabaret luxueux qui maintenait la tradition des grooms en livrée, des maîtres d'hôtel en habits carrés, des nappes luisantes et des cristaux. On y était accueilli avec déférence et Coronio, par un : « Bonsoir, M. Coronio » fort empressé, qui correspondait plus exactement à un vœu de bonne nuit, lequel ne tarderait pas à se réaliser. Notre ami s'asseyait. On lui apportait son seau de champagne (toujours la même marque, mais les années passant, il lui avait bien fallu changer d'année...). Il buvait à petites gorgées et vous entretenait, avec cette finesse que les Grecs mettent dans tous les jeux, y compris ceux de l'esprit, des événements du jour, de la chronique du matin, d'un poème d'Anna de Noailles (dont il appréciait le talent et l'amitié), d'un tableau de Vuillard et des courses du lendemain. Il remplissait vraiment « tout l'entre-deux » et le remplissait d'un indolent dilettantisme.

Vers une heure, le beau monde survenant et l'orchestre se faisant de plus en plus ardent ou langoureux, Coronio interrompait son propos, et commençait de contempler l'assistance d'un regard apparemment intéressé. Ce n'était là qu'une feinte curiosité, qu'une politesse tout à fait illusoire. Mon ami ne voyait plus rien que ses songes, devenait de plus en plus lointain; et c'est alors qu'il s'endormait d'un sommeil d'enfant, évasion merveilleuse, disparition immobile qu'il était difficile d'interrompre.

Il m'est arrivé plus d'une fois de lui tenir compagnie, éveillé; et plus d'une fois de quitter l'« Abbaye », à l'heure où Montmartre pâlit et devient dans le petit jour une plantation de façades décrépites et louches. Les regrets naissaient dans l'air frais, pour moi du moins qui n'avais pas encore dormi. Je pensais : « Pourquoi si tard? » Un charmant comédien disparu naguère, qui eût pu poser sur son visage de Scaramouche tous les masques de la Comédie-Italienne, aura dilapidé ses dons dans la passion du jeu et connu plus que personne les tristes regrets de l'aube. La pièce achevée, à peine démaquillé, il courait au tripot, y demeurait jusqu'au matin. Un jour où il sortait avec un joueur aussi décavé que lui, il ne put retenir une plainte amère : « Rentrer chez soi à sept heures du matin, c'est vraiment bête! » Et l'autre joueur : « Oh! moi, vous savez, personne ne m'attend, je ne suis pas marié... » A quoi Jules Berry répliquait tout de suite : « Vous n'êtes pas marié?... Alors, pourquoi si tard?... »

« Pourquoi si tard? » Si je me le suis parfois demandé, au terme de nuits montmartroises, c'est une question que mon ami Coronio ne s'est probablement jamais posée. D'abord, parce qu'il dormait; ensuite, parce qu'il refusait de se poser à soi-même, ni de poser à la vie aucune question dont la réponse eût pu contrarier ses habitudes et son dilettantisme. Quand la guerre et la déroute le jetèrent, comme tant de Parisiens, sur les chemins du hasard, il échoua, loin de tout ce qu'il aimait, sur une route de Savoie. A une personne chère qui l'accompagnait : « Maintenant, nous voilà errants comme des mendiants », dit-il. Cela dut lui paraître insupportable; et plutôt que de le supporter, en effet, il s'endormit, ainsi que durant les nuits de l' « Abbaye ». Mais cette fois, il ne s'est plus réveillé...

Si j'ai parlé un peu longuement de cet ami et précisé quelques traits de sa personne, c'est qu'il m'a rendu vivant ce que fut un certain Montmartre dont le décor n'a pas beaucoup changé :

le Montmartre de la nuit et du plaisir. Je crois que Jésus-la-Caille y retrouverait les bars de sa jeunesse, qu'il y pourrait rencontrer les mêmes oisivetés et les mêmes amours, reconnaître les mêmes « protecteurs » et les mêmes confidentes, installées devant leurs consommations, comme une agence devant la plage. L' « Abbaye », il est vrai, a disparu, faute sans doute d'abbés de l'ordre de mon ami Coronio. Le « Rat mort » qui lui faisait concurrence est lui aussi définitivement mort, emporté par quelque égout. De l'autre côté de la place se dressait un « Rat qui n'est pas mort », bistrot où ces messieurs jouaient à la manille jusqu'au petit jour en attendant ces dames. Je suppose que toutes ces dépendances existent encore sous d'autres noms : les mauvaises mœurs sont celles qui sont le mieux attachées à leurs traditions et l'on ne change pas aisément les rouages d'une entreprise si bien réglée.

Entre Clichy et Barbès ce sont donc encore les mêmes brasseries, les mêmes « bistrots », les mêmes rues étroites avec des hôtels dont le« confort moderne » change plusieurs fois d'occupants dans une semaine, dans une journée et même dans une nuit. Le fameux passage de l'Élysée-des-Beaux-Arts où naquit le Théâtre-Libre, et qui s'appelle aujourd'hui rue André-Antoine, n'est pas l'un des moins pourvus de ces travailleuses qui marchent et marchent, du même pas sérieux, frotteuses de bitume, l'œil attentif, ou qui sous le coup d'une menace se réfugient au seuil d'un hôtel, porche suprême du droit d'asile. C'est dans un de ces hôtels qu'habitait Sapho lorsque Daudet la connut. *Pour mes fils quand ils auront vingt ans!* Le talent et l'expérience peuvent-ils prétendre protéger autrui? La vue des êtres et des choses telles qu'elles sont, une fois dissipé leur triste mystère, a peut-être plus d'efficacité. Ce ne sont pas des fils de vingt ans mais des petites filles de dix qui chaque jour se rendent à l'école, dans ce passage, et rencontrent ces dames à l'heure où, avant de s'endormir ou de se lever, elles vont acheter du lait et promener leur chien.

Le Théâtre-Libre, *Sapho*, voilà de sérieux titres littéraires pour une sente de Montmartre. Montmartre en a d'autres qu'il ajoute à une grande tradition de peinture : celle de la rue Ravignan et du « Bateau-Lavoir », celle dont Carco, à voix basse, dont Dorgelès, en bouquets de bohème, dont André Warnod, bon terre-neuve — et le plus fidèle — de ces rues inspirées nous ont conté la merveilleuse histoire. Combien d'artistes authentiques ont rencontré dans ce village montmartrois une exaltante adversité, combien d'entre eux y ont découvert l'originalité de leur talent! Cependant, ce n'est pas ici que je puis rejoindre des souvenirs. J'ose à peine l'avouer (et je ne l'ai pas encore dit à la table des Goncourt), je ne suis jamais entré de ma vie au « Lapin à Gill », je n'ai jamais passé la porte de ce cabaret qui a fourni à la littérature quelques-uns de ses plus brillants habitués. Plus d'une fois pourtant, de nuit ou de jour, j'ai regardé la petite maison basse, l'arbre noueux qui la garde, en pensant : « Il faut que j'y aille ! » Mais ne l'ayant pas fait à vingt ans avec Mac Orlan, avec Dorgelès, avec Carco, chaque fois depuis lors j'ai jugé que c'était bien tard pour une initiation.

Cependant, Montmartre m'a souvent tenté et procuré le plaisir de sa vie familière : restaurants de la place du Tertre et de la place du Calvaire lorsqu'ils n'étaient pas encore des rendez-vous d'étrangers, vendredis de Médrano, où Fratellini scintillait sur la piste, le nez enfariné, les escarpins bien à plat sur le sable, table d'hôtes de la rue Steinkerque où nous avons dîné pour vingt sous, longues stations les soirs d'été sur la terrasse du Sacré-Cœur, où nous regardions trembler et s'éteindre dans la nuit les lumières de Paris. Il est peu de cartes postales de Montmartre et de tableaux d'Utrillo que j'ignore; je peux même écrire que j'ai connu le Montmartre d'avant Utrillo, celui qui prolongeait dans leur verdeur et leur grâce les échos de Bruant, du Maurice Donnay du « Chat Noir », et de *Louise.* Il me semblait que j'y avais vécu : il avait suffi que mon père y soit passé avant moi, et qu'il en ait salué le talent.

Ceci c'est le côté « romance » de Montmartre, qui n'a pas abrité que de mauvais garçons, ni d'abrupts génies, d'un Montmartre dont la Muse était, comme les moulins, une enfant des demi-coteaux, une petite fille tendre et aussi sentimentale qu'une grisette romantique. Et c'est là vraiment ce qui rend Montmartre insaisissable pour qui n'y a pas longuement vécu. Son visage de la nuit est trompeur, sa ceinture de cabarets, de brasseries, de bars au néon, son fleuve humain qui transporte tant d'épaves, où l'on rencontre vraiment tout, des fleurs de Paris (flétries...), d'astucieuses provinciales et de pensives négresses, cette ceinture entoure une communauté elle-même composite. Qui s'en est allé dîner, fût-ce plusieurs fois, à l'ombre du Sacré-Cœur, qui a cueilli l'esprit de Paris aux rayons d'une « Lune Rousse », inauguré des boîtes de nuit, qui a cherché avec assiduité le métrage de ses robes du soir aux déballages du square Saint-Pierre, ne connaît pas Montmartre. Pour connaître Montmartre, il faut avoir accompli toutes ces démarches, mais il faut aussi avoir fait son marché rue Lepic ou, mieux encore, avoir joué, étant un enfant, à la marelle sur ses trottoirs en pente, zébrés de craie, rapiécés, et complices. Il faut y avoir goûté des matins dans la fraîcheur du repos et non dans la nervosité d'une nuit blanche. Il faut y avoir entendu — mais oui ! — les cris de Paris, comme dans *Louise*, y avoir vu les apprentis partir pour leur travail, à bicyclette, avec une légèreté d'acrobate...

RIEN n'échappe à l'œil du peintre à Paris, lorsque après l'absence il redécouvre ce qu'il n'a pu oublier. Tout s'inscrit dans sa sensibilité et dans son regard en traits irrécusables. C'est aussi le privilège du poète. Jean Pellerin, lorsqu'il revint de la guerre de 1914 dont il allait bientôt mourir, comme Apollinaire, rima *La Romance du retour*, complainte douce-amère sur Paris retrouvé, écrite d'un cœur toujours charmé mais qui prévoyait les temps difficiles.

Froides horreurs que rien n'efface
La terre écarte de sa face
Ses longs cheveux indifférents
Notre vieux monde persévère
Douze sous pour un petit verre
Combien va-t-on payer les grands?

Que de fois, amis de ce temps-là — ô Carco! — nous sommes-nous redit, entre les deux guerres, « à voix basse », cette strophe de celui qui n'était plus. 1945. Autre romance du retour. Les verres, les petits et les grands, ont une fois encore changé de prix. Ils n'ont fait que cela, changer de prix. Pour tous : pour la matrone que quatre ans d' « occupations » n'ont pas amaigrie, pour la soularde aux bas noirs, pour Crainquebille, pour les bourgeois qui vont déguster la marée devant le vieil Odéon, pour chacune de ces créatures que j'ai retrouvées, au minutieux hasard des promenades. J'ai voulu tout revoir : le lavoir de la rue Daguerre, et le parc Montsouris avec ses enfants pâles, ses vieux pensionnés et, à l'horizon de ses pelouses, cet étrange palais du bey de Tunis, legs d'une exposition qui n'a plus de témoins. Ce parc, lui, a l'âge de ses vieux habitués. Les chemins de fer de Sceaux et de Ceinture l'enlacèrent longtemps de leur trafic sans surprise, et ce furent eux, quand ces retraités à casquette étaient jeunes, qui lancèrent l'invitation au voyage, qui tendirent aux imaginations, avec ce Bardo tunisien, la tentation des départs...

J'AI mes amours, vous l'avez lu : la tour. Et mes rendez-vous secrets. Il en est un où je suis retourné, où je retourne souvent. C'est une *merceria*, comme on dit à Venise, une rue passante, à la fois flâneuse et alerte, une rue encombrée, criarde, odorante. La vie lui coule dans les veines et déborde sur chacun des trottoirs en étalages resplendissants. Il n'est pas convenable d'y rouler en voiture, car on y dérange des habitudes. Si vous êtes pressé, prenez la Croix-Nivert, sa parallèle, négociante elle aussi, mais plus libre. Rue du Commerce, c'est à pied qu'il faut faire ses courses. La bien-nommée. Le commerce y est roi et les commerçants y sont plus commerçants que partout ailleurs, dans le plaisir de vendre et l'ardeur de la vie y « mettant » de leur personne, et s'ingéniant à tenter le chaland par des étalages attiseurs et des propos engageants.

Il y a six ou sept bouchers dans la rue, dont un de viande chevaline avec une boutique brune comme sa viande et une tête dorée de cheval, au fronton. Lorsqu'on aime les chevaux, il semble — sauf « ordonnance » — qu'il soit impossible d'en manger. D'ailleurs, cette chair est aujourd'hui à peine meilleur marché que les autres, celle des agneaux, des moutons et des bœufs. La boutique du cheval est assez morose. C'est la seule! Mais quelle mise en scène chez son collègue, le boucher! Un double étalage avec des morceaux pesés d'avance, des filets ornés, bardés, ficelés, des côtelettes qui ont l'air d'attendre, virginales, qu'une bouche délicate veuille bien reconnaître leur tendreté. Suspendus au-dessus des comptoirs, les gigots et les selles disent leur prix qui n'est pas faible, mais qui, cependant, demeure plus accessible que les poulets installés chez le crémier d'en face. A l'intérieur du magasin, de part et d'autre de la caisse centrale, sous les lampes intenses, deux longs étals dont chacun porte trois balances d'Amérique. Il faut voir mon ami le boucher préparer un gigot avec sa scie et dessiner de son couteau, dans la peau tendre du mouton, une série de traits en rosace, comme une fleur de papier. Parfois, l'un des aides disparaît dans l'arrière-boutique, revient, le teint plus frais encore, les mains plus rouges, d'un demi-séjour dans le frigidaire. Il porte sur l'épaule, appuyé au cou, un quartier de bœuf et le petit peuple de la boutique contemple cette viande, dont il ne peut faire un grand usage, mais qu'il admire dans son abondance retrouvée.

Chez la charcutière, l'aventure est plus grasse. Moins d'instruments : un tranche-lard, un couperet, un fusil suffisent pour le porc. Ces saucisses, ces lards, ces jambons, ces boudins, ces andouilles et ces cervelas, ces galantines tremblantes et ces pâtés couchés dans leurs terrines blanches, tout cela résiste peu, est vite débité, pesé. La triperie est presque mitoyenne qui tire la langue — dix, vingt langues — aux passants. Puis la poissonnerie, dont la patronne enjuponnée et rebondie, un fichu sous son double menton, attend la marée à Grenelle avec un visage de plein-vent et dans une odeur de saumure. Les oursins arrivent, hérissons de l'eau, accompagnant des sardines phosphorescentes et des soles désolées. L'épicier occupe l'extrémité de la rue, fort actif entre ses rangées de confitures et ses panneaux de liqueurs. Comme bien on pense, les petits métiers sont là : la vendeuse de « coupons » et le réparateur de stylos, le nez écarlate et les mains noires...

Rue de l'abondance, à présent. Naguère, les boutiques furent vides, quand les gens étaient riches. Voilà les vitrines pleines, mais les bourses sont minces. On voit des ménagères hésiter, regarder longtemps ces choses désirables, avant de se décider pour l'une d'elles. Il ne faut pas se tromper, il faut que le sacrifice en vaille la peine. Je remonte et redescends la rue, sans lassitude, comme en un bazar d'Orient. Ces réalités prennent par moments l'apparence d'un songe et l'on avance sans pensée et sans poids, au gré de cette foule mue par ses besoins et de forts désirs. Au bout de la rue, une église, Saint-Jean-Baptiste de Grenelle, ouvre son porche charmant derrière des grilles. Quel est ce miracle chrétien au bout du *souk*? Que Noël approche, la rue du Commerce deviendra plus attirante encore, plus lumineuse, plus pourvue. Sous la modeste architecture de l'église, un petit Jésus frileux reposera dans sa crèche de Noël. Et la bouchère, la charcutière, la marchande de poissons, fini le négoce, s'agenouilleront côte à côte devant un bœuf en carton et des brebis en plâtre.

Un matin, j'ai rencontré une noce qui avançait à pied le long du cimetière Montparnasse. L'avenue était défeuillée, arbres d'hiver tendant leurs branches nues vers le ciel gris. Un banc sans amateurs, une vespasienne sans occupants, nul promeneur, nul veuf au pied du mur, que couronnent quelques faîtes de tombeaux et quelques croix de pierre qui semblent tromper leur ennui en regardant la rue. Tombeaux cossus où les dalles mortuaires sont à l'abri de la pluie et du vent, tombeaux bien clos comme des coffres-forts. Rien à craindre pour les morts, sinon d'être seuls! Ils l'étaient ce matin-là, délaissés par la servante au grand cœur et par les autres. Au centre de l'avenue, à l'horizon, pour toute animation, une femme du quartier tenait un enfant dans les bras, tandis que l'aîné marchait devant elle, d'un pas sérieux. Puis l'espace, l'espace silencieux, disponible; et au premier plan, soudain, cette noce imprévue m'est apparue...

Cinq personnages. La mariée avec une petite gueule chiffonnée, un nez en trompette, le sourcil volontaire sur des yeux de ruse qui savaient ce qu'ils voulaient. Enfin, c'était fait : plus de tourment. Elle tenait le grand garçon, le jeunet au visage imberbe qui s'était mis en noir pour la cérémonie, et en chemise blanche, sans chapeau. Derrière eux, la sœur de la mariée ou une copine, mais c'était un peu le même visage avec des yeux chinois et une petite bouche de rongeuse qui ne s'est pas encore placée. Un garçon velu la tenait au bras, d'apparence beaucoup plus « affranchie » que le marié, et qui devait connaître les secrets du Maine, de Montrouge et des bars resplendissants de la rue de la Gaieté. Enfin, fermant la marche, la mère : souliers plats, chapeau de veuve, manteau noir sur un corps fatigué, car c'est bien dur d'élever deux filles à Montparnasse, de les conduire sans trop de casse jusqu'à cette promenade, un bouquet de fleurs d'oranger agrafé sur la tête. Et sans doute parce que c'était dur, peut-être aussi à cause du cimetière, de la séparation, de la cérémonie, — enfin de ces circonstances exceptionnelles, — la vieille s'était mise à pleurer. Que voulez-vous, cela n'arrive pas tous les jours qu'on marie sa fille ! Je n'oublierai plus ce cortège.

A présent, ils s'en allaient déjeuner. Place de Rennes peut-être, ou boulevard Montparnasse, à moins que ce ne soit à la Gaieté : il y a le choix. Je les conduirais pour ma part, les yeux fermés, où ils voudraient, ayant habité le quartier et en connaissant les petits et les grands « bistrots », moins à fond qu'André Salmon, imbattable à Montparnasse, mais aussi bien que mon cher

André Billy, familier du boulevard Raspail au temps d'Apollinaire. Le cimetière Montparnasse n'a pas toujours d'ailleurs l'aspect de désolation qu'il avait ce matin de la noce. Au printemps, il chante avec tous les oiseaux du quartier et à l'automne ses abords se transforment, comme ceux de tant de cimetières, en un marché aux fleurs, une exposition de chrysanthèmes où quelques Parisiennes viennent chercher des fleurs en pot non pour leurs « chers morts », mais pour leurs balcons, parce qu'elles sont moins chères à Montparnasse que chez le fleuriste.

J'ai eu un ami qui habitait sur le Boulevard, juste face à l'entrée de la nécropole. Il logeait au troisième étage et, toutes fenêtres ouvertes, il jouissait de la vue de cet immense jardin, bien préférable, disait-il, aux parcs où les enfants font un bruit infernal. Pas d'enfer avec les morts, si ce n'est un enfer silencieux, dont ils n'éprouvent pas le besoin d'entretenir les vivants. On déjeunait, l'été venu, en respirant les brises de ce libre espace. Parfois, la cloche sonnait, annonçant une « arrivée » : au même pas lent des chevaux, — c'était encore des chevaux, — un convoi passait, se dirigeant vers une des divisions du repos. Il est des gens que ce spectacle aurait pu attrister. Mon ami le considérait, sans aucune arrière-pensée littéraire, comme un aspect naturel de la vie quotidienne. « Tous ces enterrements, cela ne te lasse pas, à la longue ? » Et lui, de sa voix calme : « Oh ! tu sais, ce n'est pas toujours le même... » C'est un mot qu'il avait dû dire souvent ; et qu'on avait dit sans doute avant lui mais il lc disait très bien. Il était un garçon indolent, spirituel; il passait des soirées à jouer aux cartes au café, place de Rennes, se réfugiant au bar de la « Consigne », quand le café fermait; et il attendait que le premier train de Brest eût débarqué vers cinq heures du matin à la gare Montparnasse ses cargaisons de petites Bretonnes ensommeillées, avant de rentrer chez lui, devant son paisible cimetière. Vers 1916, pendant la guerre, on eut besoin de sous-préfets. C'est ainsi qu'il quitta Paris. Les années passèrent; je ne l'ai plus revu qu'en souvenir. Mais je suis sûr que la noce défilant devant « son » cimetière l'eût autant charmé que moi.

Le mur gris du boulevard Arago, avec son socle sans statue, — adieu, M. Arago! — geste de la guerre, sot et cruel, comme toutes les inventions de la guerre; le mur en falaise de la prison de la Santé; le carrefour éventé où s'allonge deux par deux un cortège de petits orphelins; la maisonnette riveraine du quai de Bercy qui annonce aux noyés qu'ils y trouveront du secours..., autant de paysages parisiens, de signes dans cette reconnaissance de Paris dont je sais que je n'en ferai pas des complicités quotidiennes. Ce sont les illustrations d'un roman de Paris que Zola aurait pu écrire : la vie y prend des nuances naturalistes. Mais dans Paris retrouvé, tout compte, et ce qu'on avait oublié vous touche parfois, à cause de l'effacement, plus qu'un souvenir qu'on aimait à veiller. Ces socles sans statues, quel veuvage imprévisible! La pierre s'oublie comme les vivants. Ces socles mêmes disparaîtront. Celui qui soutint Hugo pendant si longtemps a été démantelé, laissant une place définitivement nue. Or, ce relais de roches et de bronze entre l'Étoile et la Muette, nous y étions habitués, et lorsque l'absurde violencc s'exerça sur l'effigie du vieil Hugo, beaucoup de Parisiens, même de ceux qui n'appréciaient pas la statue de Barrias, en furent affligés. Paul Valéry qui aimait Paris comme un village, avec une vraie fidélité de sentiments, avait été ému par l'événement. Il me conta la chose sur une carte postale, une de ces cartes « interzones » qui, lorsque la France fut coupée en deux, devinrent pour tant de Français la seule ration de nouvelles parisiennes : *Nous avons perdu, cher voisin en congé,* m'écrivait-il, *le pauvre Victor Hugo, qui s'est envolé de la place, cependant que Jeanne* (Jeanne Hugo) *mourait peut-être de ce coup. Le quartier en a été vraiment mortifié, humilié jusque dans les concierges et les cuisinières. C'était comme si le grand homme fût re-mort. J'ai été frappé de cet émoi réel, discret, qui avait sa profondeur. L'objet était laid, mais il était comme un souvenir de famille. On s'était mariés là devant,* et cætera...

Cet *et cætera* de Valéry contenait bien d'autres choses, familiales ou amicales, dont il ne voulait pas s'émouvoir. Et il n'était pas besoin d'être un poète pour connaître cet attendrissement. Les formes d'une ville se blottissent dans le cœur de l'habitant. Certes, ce n'était pas un chef-d'œuvre ce monument, mais il était là, Hugo, figé dans son rêve de bronze et on l'appréciait comme il était, sans y faire autrement attention. On ne le voyait plus; cependant, son souvenir était parmi nous. Le socle vide nous rappela longtemps, avec ses formes impétueuses, le génie de *La Légende des siècles*. A présent, plus rien que des autos tournant autour d'un espace vide... Il manque quelque chose à cette place, et pour nous ce fut un adieu de plus à prononcer. Bien sûr, Hugo n'en est pas à une statue près ni même une avenue. La gloire d'Hugo, c'est son génie, d'abord. C'était également cette statue. Mais c'est un peu aussi le receveur de l'autobus qui nous annonce : « Place Victor-Hugo », après avoir, au précédent arrêt, lancé le nom de Paul Valéry, devenu, dans ce langage quotidien, rue autant que poète... Une fois que nous avons pris notre parti de voir nos dieux et nos amis transformés en plaques d'émail ou en statues, par une étrange métamorphose, nous n'aimons pas qu'on y touche. C'est notre suprême fidélité...

La promenade s'achève. Je ne voudrais pas qu'elle m'ait inspiré le ton d'un refrain écœurant, d'une de ces chansons dont les vedettes nous comblent à leur retour d'Hollywood. Il n'est que trop aisé d'émouvoir en évoquant Paris : il s'y prête si bien, il maintient tant de souvenirs entre ses pavés et son ciel ! Il suffit d'aligner des stations de métro pour entendre naître et se prolonger la sorte d'émoi du carillon de Vendôme, où l'abbé Bremond décelait les charmes de la poésie pure : *Orléans, Beaugency*. Appelez de la même façon vos parisiens parcours :

Montparnasse, Alma, Marceau
Étoile, Trocadéro
Pigalle, Pigalle!

et les cloches de nos églises, et les confidences de la rue, les piailleries de la place jamais endormie, bruissent en nous, délicieusement. Mais il ne s'agissait pas, mêlant le retour à de vieilles fidélités, de chanter, en marchant, la rengaine du souvenir. Certes, il n'y a pas à repousser le souvenir, car ce serait beaucoup de prétention; mais il faut lui garder un parfum sec.

Ces instants, ces visages de Paris sont ceux d'un Parisien qui depuis un demi-siècle a vécu les enrichissements et les vicissitudes de la vie. Les invitations aux voyages, les absences obligées, les heures d'éloignement n'ont jamais tari cette fidélité alors même qu'elles la détournaient. Revenant à Paris, après une longue absence, j'ai retrouvé sans surprise et sans déception ce que j'y avais laissé et n'avais pu oublier. Vous penserez qu'il en est de même du village natal, et de toutes les villes où l'on a longtemps séjourné? Point de la même manière; car il s'établit entre Paris et celui qui l'aime une complicité fraternelle qui ne se rencontre pas ailleurs. Les grandes villes sont souvent inhumaines : elles ne vous regardent pas passer, elles ne cherchent pas à vous retenir, elles vous enrôlent dans la distribution quotidienne de leur spectacle, figurant qu'elles écrasent de leur réputation ou de leur richesse... Paris peut être éprouvant; mais comme il sait aussi se pencher sur une solitude, parler le langage qui convient le mieux à l'esprit, à notre inspiration de l'instant! L'obscurité s'y sent de plain-pied avec la gloire; il y suffit de connaissance et de compréhension... Il est dans Paris une richesse toujours accessible : celle de le connaître et de le comprendre, de nouer, entre lui et nous, ces liens qui ne sont pas une entrave mais une force.

Encore une fois, saluons un de ses plus beaux paysages. Allons nous appuyer à la passerelle du pont des Arts, ornée jadis de caissons d'orangers (la nudité délicate d'aujourd'hui lui convient mieux). Cet endroit, vraiment, est un des lieux augustes du monde. Notre-Dame y apparaît à l'horizon, dominant les jumelles de la place Dauphine et la pointe du Vert-Galant qui chaque printemps reverdit comme la jeunesse du roi Henri, le plus allègre des sages entre les sages... Tout est satisfaisant, tout est noble à voir. L'architecture austère de la Monnaie, les hautes façades Louis XIII qui flanquent la chapelle de l'Institut, la ligne claire du quai où se côtoient les antiquaires et les libraires, quelle amère douceur pour une rive qui ne reçoit le soleil que par reflet, lorsqu'il embrase le couchant et qu'il regarde encore Paris, avant de disparaître derrière les coteaux du Point-du-Jour! Il est impossible de ne pas retrouver dans cette contemplation la joie d'être et de voir, la satisfaction de comprendre, d'apprécier ce que l'homme a créé de plus beau pour n'être jamais seul.

Se peut-il qu'un jour tout ce que nous avons regardé ne soit plus, que le temps efface ce que nous aurons si bien aimé, ou que la folie des hommes le détruise ? N'importe, ce tas de cendres où serait enseveli un incomparable passé ne demeurerait pas stérile ; car c'est encore là, soyons-en sûrs, que jaillirait la source où s'abreuverait l'espérance du monde.

1950.

RENDEZ-VOUS
D'UN PRINTEMPS

A la couleur du ciel, à cette brume qui peu à peu se défait, séduite, absorbée par les rayons qu'elle cachait, à la sève des arbres, invisible, mais dont on les devine travaillés, je comprends que l'hiver s'en va. Le « triste hiver », comme disait Banville en des vers légers que je me répète quand paraît le printemps :

Les lilas vont fleurir et Ninon me querelle,
Et ce matin j'ai vu mademoiselle Ozy
Près des panoramas déployer son ombrelle
C'est que le triste hiver est bien mort : songez-y!

Un printemps de plus va bondir, nous entourer, enchanter Paris et disparaître du pas agile de la jeunesse, sans que nous ayons saisi tous ses charmes, contemplé ses traits, un à un, pour ne plus les oublier. Les banalités sociales nous font négliger l'essentiel : nous aurons accepté des rendez-vous inutiles et nous n'aurons pas pris ceux que nous aurions dû prendre. Pourtant, ma décision, cette fois, ne faiblira pas.

Voir des paysages de Paris qui me sont inconnus, en revoir d'autres qui me sont familiers et les regarder jusqu'à me devenir inoubliables. Voilà l'important, du moins ce qui me le paraît : une connaissance toujours plus intime, calme et sûre comme l'affection, de cette ville, à toutes préférées, où j'aurai vécu ma vie. Parfois, je la trouve si belle que je pense l'avoir négligée et que je voudrais lui rendre ce que j'ai donné ailleurs et lui témoigner ardemment cette fidélité augmentée de regrets. Je quitte ma maison, je marche, je rejoins de vieilles rues, transversales parisiennes foulées par les siècles; je vais m'asseoir dans le petit square des Innocents, à l'heure où les Halles, toutes proches, sont endormies; je regarde les nymphes de Jean Goujon et la fontaine dont les pierres reposent sur la terre de l'ancien charnier. Une paix singulière m'enveloppe. L'odeur des Halles, qui est l'odeur de la vie, des matins affamés, se maintient entre ces façades, ces magasins clos pour quelques heures, ces réserves de légumes appuyées aux grilles des resserres. J'ai sous les yeux les formes parfaites que les hâles de la ville ont brunies; et sous les pieds — il ne faudrait guère creuser le sol — les os épars, encore, dernière présence de ceux qui me précédèrent dans cette ville. Pas de songeries romantiques pourtant, qui affadiraient le calme de cette halte et la pensée qui l'accompagne! Je ne suis plus rien qu'un Parisien, après tant d'autres, lié à ce qu'ils furent par ce qui est, et que je regarde, et que je respire, et me semble inséparable de moi-même.

Au seuil de ces rendez-vous avec Paris, je pense à quelques aînés qui les ont pris avant moi et qui ont su les définir avec une tendre exactitude. Je pense à ces poèmes crépusculaires de Baudelaire, à cette connaissance profonde de la ville dont les heures solitaires lui devinrent une inspiration.

L'aurore grelottante en robe rose et verte
S'avançait lentement sur la Seine déserte...

Je songe à Joris-Karl Huysmans qui, sur les pas de M. Folentin, son triste double, courait des rencontres écœurantes aux découvertes séculaires; je revois Léon-Paul Fargue, dans l'interminable défilé des nuits, la cigarette éteinte à la lèvre, l'œil brumeux et si clairvoyant, unissant dans son somnambulisme le Paris de 1900 et celui où il tissait sa légende. Tous trois Parisiens et, tous trois, célibataires. Peut-être faut-il avoir été l'un et l'autre pour parvenir à cette connaissance exacte et tendre de la ville, pour qu'elle vous ait parlé un langage fraternel, qu'elle vous ait dit tous ses secrets. Au terme des nuits nomades, lorsque, épuisé de marches et d'inanités, le solitaire se résigne à sa solitude, parfois alors se produit, pour le Parisien, un merveilleux miracle. La ville devient cette compagne vainement cherchée ; il la contemple, il la voit enfin et, soudain enveloppé de son immense passé, il en entend la voix, il en scrute les formes, il en pénètre les retraits cachés. Ce qui fut désir se transforme en connaissance par une union que, seules, ces lentes initiations peuvent accomplir.

Je vais reprendre une route qu'aimait Huysmans, à laquelle il a donné une réalité que nulle métamorphose ne pourra détruire. Nous ne saurions, après lui, retourner sur le chemin de la Bièvre et des Gobelins sans qu'il soit là, sans qu'il nous accompagne. Huysmans est un des rares écrivains de la fin du XIXe siècle qui aient suscité des fidélités si sérieuses ! Stendhal a les siennes, et Balzac, et Baudelaire ; mais celles qui suivent Huysmans sont particulières, tant par leur ferveur que par leur vigilance. Elles pourraient s'opposer, le Huysmans de *Marthe* étant, sinon différent, du moins « autre » que celui de *Là-bas*. Mais le converti de *Là-bas* tend la main au réaliste désenchanté. Les âcres pestilences de la Bièvre incitent à la cure de repos et la pente est naturelle qui de la Butte-aux-Cailles et des Gobelins nous conduit au dédale attirant où Saint-Séverin côtoie l'étendue bosselée d'un charnier.

C'est la pente que suivait la Bièvre, en son double cours, mais, à la hauteur de la rue Mouffetard, elle contournait les abords de la Montagne Sainte-Geneviève, longeait le Jardin des Plantes pour aller se jeter dans la Seine, en amont du pont d'Austerlitz, non loin de la Salpêtrière. Elle enveloppait ainsi, de sa boucle odorante, le XIIIe arrondissement. Elle y entrait, venue des environs de Saint-Cyr, à la Poterne des Peupliers. De ce point en éminence qui domine le cimetière de Gentilly, on prenait une vue assez enivrante de Paris, celle des Gobelins et de la Montagne Sainte-Geneviève. Balzac, qui avait le goût de ces horizons urbains, y a placé une scène dramatique de *La Femme de trente ans*, celle où sous les yeux de sa mère, la petite Hélène d'Aiglemont précipite dans la Bièvre son demi-frère adultérin, Charles de Vandenesse. L'enfant, blessé dans sa chute, se noie dans le « ruisseau puant » qui coule, lourde vase, sous le frisson des peupliers. Les peupliers sont toujours là, mais la Bièvre a disparu sous le ciment d'un égout.

Au temps où Balzac place ce drame, en 1825, la Bièvre était donc déjà une rivière contaminée dès son entrée dans Paris. Huysmans en a fait une Voulzie, pure et chaste, souillée par la ville, une naïade qui jouait encore « à la poupée sous les saules », avant de tomber dans les mains ignobles des racoleurs parisiens : « Que de soirs, derrière les Gobelins, dans un pestilentiel fumet de vase, on la voit, seule, piétinant dans sa boue, au clair de lune, pleurant, hébétée de fatigue sous l'arche d'un petit pont! » La tendresse est évidente, et donnera à la révolte de Joris-Karl contre les malfaisances du « progrès » une intensité et une variété originales. Il peignait bien, à touches vives, épaisses, et dans une matière qui n'a pas bougé...

Paris n'a pas conservé ses rivières; le pouvait-il? Bien avant que la Bièvre disparût, un petit cours d'eau venu de Ménilmontant se faufilait le long des boulevards Saint-Martin et Saint-Denis jusqu'à la Grange-Batelière, suivait un chemin parallèle à la rue La Boétie, contournait la colline du Roule pour rejoindre le fleuve au pied de la colline de Chaillot. Ce ruisseau devint le grand égout de la ville. Un autre cours, descendu de Montreuil et de Bagnolet, côtoyait la route de Charenton jusqu'au Petit-Bercy, où il se mêlait à la Seine. La Bièvre fut longtemps la seule survivante de ces rivières parisiennes. Quand Huysmans allait respirer sa misère, pour mieux flétrir les tanneries qui l'exploitaient, elle n'avait plus longtemps à vivre. Nous l'avons encore connue, découverte avant son entrée dans Paris. Roland Dorgelès et quelques-uns de ses camarades, Alexandre Mercereau, René Arcos, Jules Romains, se réunissaient parfois pour déjeuner, non loin de la Poterne des Peupliers, dans un restaurant villageois installé en bordure de la rivière. Rien ne subsiste plus de ces vestiges, sauf, je l'ai écrit plus haut, les peupliers de la Poterne. Le remblai, depuis lequel Balzac contemplait Paris (il se plaisait sur ces hauteurs dominatrices), a été transformé en une plate-forme allongée semblablc à l'allée d'un jardin public. Les petits garçons peuvent y jouer sans que leurs sœurs les jettent haineusement dans la boue d'une rivière. Une espèce de champ clôturé sépare cette promenade d'une route qui rejoint la route d'Italie. On y voit passer les cars qui emportent vers Orly les voyageurs du ciel. Des quartiers neufs ont été élevés sur l'emplacement qui fut si longtemps la campagne de la ville avant de devenir son glacis fortifié. Les fortifications elles-mêmes ont disparu, ensevelissant dans le passé ses tertres et ses fossés et cette faune haillonneuse dont Raffaëlli, ami d'Huysmans, fut l'illustrateur exact. Mais tout n'a point été emporté « sous la bourrasque des siècles », de ce qui invitait et ravissait Huysmans sur le chemin de la Bièvre; et les siècles survivent, alentour des Gobelins, dans la rue qui porte le nom de cette dynastie de tapissiers-teinturiers, et dans sa voisine, la rue Berbier-du-Metz. Rue des Gobelins, on trouve encore au fond d'une cour, de plus en plus noircie et mangée de fumée, cette belle demeure à tourelles qu'on appela si longtemps dans le quartier : le château de la Reine-Blanche. Ces murs rongés subsistent par miracle, parce qu'ils ne veulent pas mourir. Un écriteau indique ce qu'ils abritent : USINE. Depuis le XVIe siècle, tout ce qui vivait de tannerie, de teinturerie, de tapisserie, a accompli sur ce sol piétiné, jour après jour, les démarches de la vie. Je suis resté dans cette cour quelques moments, par curiosité, et fidélité aussi, tournant mon souvenir vers Huysmans qui l'avait visitée lorsqu'on y craminait encore le cuir. Il avait découvert en son rez-de-chaussée une citerne cyclopéenne qui odorait « la tinette et le vinaigre chaud ». La Bièvre n'est plus là pour alimenter ces macérations, et les usines, les ateliers de la Reine-Blanche n'offrent plus aucun chaudron ni aucun monstrueux ragoût à la quête du visiteur.

Avoisinant la manufacture, comme il se doit, la rue Gustave-Geffroy maintient aux lieux où il vécut le nom de l'écrivain qui fut directeur de la manufacture et y apporta le respect d'une tradition d'art, instaurée par Le Brun. Geffroy, défenseur de toute expression libre, auteur d'un beau livre sur Blanqui, *L'Enfermé*, devait se plaire dans ce faubourg populaire de l'avenue des Gobelins qui prolonge la rue Mouffetard et portait jadis son nom. Attentif, ainsi que Huysmans, aux confidences de la rue, Geffroy maintenait un penchant des Goncourt et de leurs disciples pour Paris. Lequel d'entre nos aînés, lequel d'entre nous, à l'Académie Goncourt n'a pas consacré à Paris des pages de complicité ou de gratitude? Geffroy, comme Huysmans, présida cette compagnie d'hommes de lettres qui reçut des Goncourt son mot d'ordre de fidélité parisienne. Lucien Descaves, héritier chez les « Dix » de Gustave Geffroy, habita une longue partie de son existence dans cette rue de la Santé, rue frontière qui sépare l'enchevêtrement des Gobelins des longues avenues de l'Observatoire. Traversant sa rue, Descaves changeait d'arrondissement. Exploration favorite : il se plaisait à recenser au fond des cours ou dans le lacis d'anciennes ruelles, les ateliers d'artisans, les survivants du travail conduit à la main, sur le métier, la presse ou l'établi. Il recherchait, quand il s'en trouvait encore, les rues villageoises, formées de maisons basses, transversales, à la fois calmes et sonores, où retentit dans la paix des après-midi, comme les charrois au village, le bruit d'une roue, d'un tour, d'une presse ou d'un marteau.

Pour rencontrer quelques-unes de ces voies rurales, il faut s'écarter des Gobelins et marcher vers le quartier de la Gare. Quand le chemin de fer d'Orléans construisit ses hangars de marchandises en bordure de la Seine, il s'établit sur des espaces herbeux; mais un grand village naquit au sud de la voie ferrée et de ces ateliers, pour en loger les manœuvres. L'église Notre-Dame-de-la-Gare marque toujours le centre de cette agglomération : elle a cent ans. Entre la rue du Chevaleret, qui limite l'expansion du trafic ferroviaire et la rue Dunois (jadis des Trois-Ormes), des passages, comme le passage Chanvin et la rue Duchefdelaville, conservent leur caractère villageois. Rudes pavages, becs de gaz à lanternes, maisons d'un étage, murs plâtreux qu'escaladent les feuillages de jardins invisibles et d'arbres entêtés qui survécurent à l'empiétement des resserres et des ateliers. De l'autre côté du fleuve, Bercy, petite ville enclose dans ses grilles, mais reliée à la rive gauche par la voie de fer de la Rapée et le pont national, commande aux activités du quartier. On entend, dans les rues calmes, des roulements de tonneaux, des échos mats de futailles, tout ce qui, vide encore, contiendra le vin. Si l'on aborde la rue Duchefdelaville par la rue du Chevaleret, on aperçoit une rue d'une honnête rusticité et que domine à l'horizon le clocher du village. Cette demi-solitude s'effacera bientôt devant l'animation de la rue Jeanne-d'Arc et de la rue de Patay, où une école communale et une école maternelle rassemblent des bataillons d'enfants. Bien équipés, bien tenus : sarraus de toile, socquettes de couleur, les mères les attendent aux fins de journées. Est-il encore des quartiers d'aspect vraiment populaire, comme au temps des *Misérables* ? L'égalisation des mœurs, la communauté des lectures, des divertissements, ont créé un prolétariat de petite bourgeoisie, où le client qui n'est pas riche se confond avec le fournisseur qui n'est pas pauvre.

Pourtant, on le sait, la misère du clochard est une réalité : elle existe. A quelques pas de cette rue villageoise où j'allais me dépayser, un vaste refuge ouvre chaque soir ses portes aux sans-logis. Quand y viennent-ils ? A quelle heure les voit-on défiler comme dans un *Opéra de Quat' sous* ? La discrétion de la misère est un tact que n'a pas toujours la richesse. Il est beaucoup de ces errants, d'ailleurs, qui demeurent irréductibles et retournent, pour y passer leurs nuits, aux plus vieux des rendez-vous parisiens, aux Halles et sur la Montagne Sainte-Geneviève... Ils s'endorment où se sont déjà endormis tant des leurs qui ne se réveilleront qu'avec la trompette des anges. Ils dorment, enveloppés de haillons, de journaux et d'oubli, sur ce sol parisien, pour eux ingrat et dur, qui n'est jamais la terre, mais qu'ils préfèrent à tous les autres.

Ce matin, par plaisir, pour me faire une âme collégienne, j'ai repris le chemin de la Montagne Sainte-Geneviève. Je n'y retrouverai pas tout ce que j'y trouvais dans ma jeunesse. Peut-être davantage : ce que je ne savais pas voir quand je portais, rue Soufflot, le poids exigeant des livres et l'inquiétude des leçons mal apprises. Ma démarche aujourd'hui est plus légère. Des sept collines de Paris, la Montagne Sainte-Geneviève est maintenant celle dont la pente me semble la plus facile à gravir.

Je l'aborderai par la rue qui porte son nom montagnard. Vieille voie romaine : on a marché sur ce sol avant même que Lutèce ait grandi dans son île. Rome victorieuse y avait installé ses villas, ses spacieuses demeures qu'une invasion germanique (déjà...) détruisit. Puis, l'esprit souffla sur ces espaces dévastés et, aux premiers temps de notre ère, y installa ses collèges et ses couvents. Ils y sont toujours. Cette atmosphère spirituelle, où le bruit semble avoir honte de lui-même, se maintient à travers les siècles. Peu de voitures, peu de cris; quand la jeunesse a fini sa tâche, elle émigre jusqu'au boulevard Saint-Michel. Une descente — moins longue que celle de la Courtille — y suffit. Si les tavernes changent de noms au Quartier latin, les habitudes persistent : elles y sont liées à une tradition qui puise sa force et sa continuité dans l'infinie succession des générations.

Les tavernes changent de noms! De couleurs aussi. La rue montueuse qui groupait jadis quelques boutiques d'artisans est balafrée, à présent, de devantures voyantes et pimentée de restaurants et d'épiceries asiatiques. Le métissage du quartier des Écoles atteste l'accueil libéral de la France à toutes les races du globe. Les plats annamites, le riz mangé avec des bâtonnets, les sauces noires servies dans de petits bols avec le poulet rissolé, l'omelette aux crabes, forment le fond des menus affichés à la porte du restaurant entre la vitre et des rideaux discrets. Il ne s'agit pas d'allécher des Parisiens en quête d'exotisme, mais de nourrir des étudiants jaunes qui ruminent le long des soirs leur science toute fraîche, des nostalgies lointaines et des ambitions d'avenir. C'est ici, plus que chez elle et plus qu'en aucune autre capitale du monde, que s'est formée l'Asie nouvelle, celle qui nous exclut de ses terres et disputera un jour à la race blanche la domination du monde.

Les rencontres qu'on y fait déconcertent un instant un esprit enveloppé de souvenirs et de traditions; mais on apprécie finalement cette fidélité de la France à sa vocation, même si elle doit y connaître des ingratitudes. On ne rompt pas avec un destin affirmé par tant d'entreprises missionnaires qui prirent naissance sur cette colline, il y a plus de deux siècles, au Séminaire du Saint-Esprit. On n'écarte pas de la foi qu'on a prêchée ceux qui vous ont entendus.

Revoir le jubé de Saint-Étienne-du-Mont est un enchantement qu'il faut savoir se donner puisqu'il est à portée de nos pas. Peu d'œuvres de pierre montrent autant d'audace tranquille, d'affirmation dans la grâce, que ces rampes ajourées qui s'enlacent aux piliers du chœur. Les anges en prière, sur la balustrade centrale, répandent sur l'ensemble leur pureté surhumaine. Un autre ange, de bois sculpté, qui embouche deux trompettes, les domine sur le baldaquin d'une chaire admirable. Il y a toujours à découvrir, surtout dans ce que nous croyons bien connaître, parce que nous l'aimons; or, l'amour brouille notre regard et l'attire dans un plaisir intérieur qui n'est plus l'exacte contemplation de l'objet aimé. Aussi bien, m'étais-je posté dans un des bas-côtés de la nef pour découvrir l'ensemble, entre la haute envolée des colonnes nues, lorsque j'aperçus, assise non loin de l'endroit où je me tenais, une femme qui, les mains à plat sur ses genoux, regardait tour à tour ses ongles et le décor que nous avions l'un et l'autre sous les yeux. Elle paraissait émerveillée, émerveillement naïf dont elle semblait par instants confier l'expression à ses mains brunes. C'était une négresse, assez maigre, avec un visage à la fois enfantin et passionné.

Au bout de l'allée, deux piliers précisaient le lieu où furent ensevelis les « restes » de Racine et ceux de Pascal. Débris immortels comme les *Pensées* elles-mêmes, et dont notre fidélité anime la présence.

Dans une petite chapelle latérale, un écriteau étalait en signes séduisants, pareils aux menus des restaurants chinois, la promesse des réconforts spirituels : *L'abbé Li confesse en chinois, en anglais et en italien.* Dans l'autre bas-côté, les lumières tremblantes d'une chapelle couverte d'ex-voto éclairaient la châsse dorée de sainte Geneviève, patronne de Paris. J'appréciais ce mélange où la foi recouvrait une sainte miraculeuse, l'auteur de *Phèdre*, celui des *Provinciales*. Cette négresse, ce confesseur chinois, remplissant ainsi tout « l'entre-deux », tel que le souhaitait Pascal, en évoquant Épaminondas...

La rue ne vous assaille pas lorsqu'on quitte Saint-Étienne-du-Mont, et ne détruit pas de sa turbulence la sérénité dont cette belle église vous a comblé. La rue Clovis borde comme un cours d'eau calme le lycée Henri IV et sa tour romane, survivante de la grande Abbaye qui méditait parmi les vignes, il y a sept siècles, au sommet de la colline. Du pas du promeneur qui sait où il va, mais garde à sa démarche la lenteur d'une découverte, par la rue de l'Estrapade, j'ai rejoint la rue Tournefort, où les gardes françaises de Louis XV voisinèrent avec les couvents. Les communautés ont survécu aux casernes : les dames de l'Adoration-Perpétuelle ont succédé, rue Tournefort, aux filles de Sainte-Anne dans l'adoration du Saint-Sacrement. Des maisons décrépites y côtoient ou, pour mieux dire, regardent le bastion bien clos des couvents. L'une de ces maisons à trois étages, appuyés sur une porte basse, se désigne par un petit écriteau : *Maison meublée.* Du linge qui sèche pend aux fenêtres du second étage; une plante donne un agrément à celle du rez-de-chaussée. La porte est étroite et conduit à une cour qui fut peut-être un jardin du temps où Mérimée, un Mérimée de dix-sept ans, y logeait. Mérimée, il me plaît d'évoquer son fin visage de jeune homme, déjà nuancé d'ironie, à quelques pas de la pension où Balzac abrita le plus résolu de ses ambitieux; et c'est peut-être ce souvenir aimanté qui m'a conduit rue Tournefort. Voici son ancien nom gravé dans la pierre : *Rue Neuve-Sainte-Geneviève.* La « sainte » a disparu sous le couteau de la Révolution, comme le saint de la rue Saint-Dominique, à l'angle de la rue de Bourgogne. Rue Neuve-Sainte-Geneviève, c'est là que logeait Rastignac dans la pension Vauquer, entre le Père Goriot et Vautrin; c'est là que, le mois de novembre 1819, après être allé au bal chez Mme de Beauséant, Eugène étant rentré à deux heures après minuit, décida de travailler jusqu'au matin : *Il allait passer la nuit pour la première fois au milieu de ce silencieux quartier, car il s'était mis sous le charme d'une fausse énergie en voyant les splendeurs du monde...* S'il loge aujourd'hui des étudiants, comme il est possible, dans la maison où Mérimée et ses parents vécurent, je ne pense pas qu'ils aillent au bal faubourg Saint-Germain, du moins chez des comtesses. Le faubourg Saint-Germain d'aujourd'hui ne fait plus danser les étudiants que dans des caves.

Balzac avait situé la pension Vauquer en bas de la rue Neuve-Sainte-Geneviève, en un endroit où *le terrain s'abaisse vers la rue de l'Arbalète par une pente si brusque et si rude, que les chevaux la montent ou la descendent rarement.* Cette extrémité de la rue s'est élargie et les immeubles modernes ont dévoré la pension Vauquer. La rue Neuve-Sainte-Geneviève, si elle se prolongeait jusqu'à la rue de l'Arbalète quand Rastignac y remuait son avenir, cesse aujourd'hui à la place Lucien-Herr, que traverse la rue Lhomond et où vient aboutir la rue Pierre-Brossolette. Et voilà que se lèvent d'autres souvenirs! J'ai connu Pierre Brossolette lorsqu'il était un élégant et fin jeune homme, séduit par la dialectique et le charme intellectuel de Léon Blum, — on pouvait l'être, — et que son option socialiste lui valait de vives attaques. On accusait sa foi, on méconnaissait sa ferveur patriotique : Pierre Brossolette en aura donné la mesure en un temps où les adhésions et le courage se situaient au-delà des partis et des ambitions. Je n'ai pas connu Lucien Herr, bibliothécaire de l'École Normale et son inspirateur pendant plus de trente ans, mais je l'ai approché dans le livre pieux que lui a consacré Charles Andler. Nul doute que l'influence de Lucien Herr n'ait été profonde. Moins ample, moins spirituelle que celle d'un Péguy (il n'écrivait pas, il n'était pas poète), moins brillante que celle d'Alain (il n'a pas enseigné), mais agissante à coup sûr pour la formation des esprits, leur direction de pensée, leur adhésion républicaine.

Il est juste de trouver à quelques mètres de la rue d'Ulm cette petite place que Lucien Herr dut souvent traverser et qui porte aujourd'hui son nom. La partie la plus pittoresque en est un pan coupé formé par la jonction de la rue Tournefort et de la rue Lhomond. La dénivellation signalée par Balzac est si importante que la chaussée, à cet endroit, est bien plus basse que le trottoir. Un restaurant, du genre familier, avec deux prénoms pour enseigne, la domine d'une terrasse improvisée et d'une petite salle ornée de peintures accrocheuses. L'endroit est divertissant et doit faire recette aux soirs des étés brûlants; mais je ne pense pas que les étudiants y aient leurs habitudes. Les restaurants où ils s'arrêtent avoisinent de plus près le boulevard Saint-Michel et la rue Saint-Jacques.

Au temps de Rastignac, la rue Lhomond s'appelait rue des Postes et rassemblait un grand nombre de séminaires, de collèges religieux, où les Jésuites installèrent sous le Second Empire une école bientôt réputée. Les laboratoires de l'École Normale, hautes façades de briques et de glaces, s'élèvent sur ces lieux où les Pères enseignèrent à tant de jeunes gens les disciplines de la réussite et les secrets du pouvoir.

En dépit des exigences de la vie, le passé maintient ses témoignages rue Lhomond. Parfois avec peine. La maison élevée à l'angle de la rue Amyot menaçait sans doute de s'écrouler : des étais, déjà anciens, la soutiennent. Une borne subsiste à l'angle des deux rues, fortement scellée au mur par un collier de bronze. Que fait-elle là? Pourquoi a-t-elle survécu au règne égalitaire des trottoirs? M. Jacques Hillairet, historiographe minutieux de Paris, rappelle que c'est sur une borne semblable, rue du Roi-de-Sicile, qu'un nommé Grison scia avec son couteau le cou de la princesse de Lamballe. La borne de la rue Amyot a-t-elle une histoire? Je l'ignore. Victorien Sardou, qui savait tout, et dont le père tint une pension rue Lhomond, aurait peut-être pu me le dire. La curiosité m'a conduit jusqu'à deux femmes qui parlaient non loin, leur cabas à la main. « Vous êtes du quartier? — Oui, Monsieur, répondent-elles ensemble. — Cette borne a-t-elle une histoire? Pourquoi l'a-t-on laissée là, scellée dans ce carcan de bronze?... » Elles se sont approchées, regardant la borne comme si elles allaient découvrir son passé. « Nous l'avons toujours vue là.

précise l'une de ces femmes (cheveux gris, tirés, un œil bleu, fin et doux), mais nous n'avons jamais rien entendu dire sur elle. — Pour ça, non..., ajoute l'autre, rien... » C'est une borne honnête. Cependant, du renfort arrive. « Voilà la concierge de la maison », annonce la femme aux yeux bleus. La concierge, rougeaude, le nez fureteur, le buste flottant, précise : « Je ne suis plus la concierge. Je l'ai été longtemps... Mais y a plus de concierge, le propriétaire ne voulait pas payer. Alors, j'habite à côté. Non, je ne sais rien sur la borne. La maison, elle a appartenu à la favorite du roi. Elle est entrée là quand la maison était neuve, avec sept domestiques... »

Quel roi ? quelle favorite ? Je ne saurai rien. Cette tradition est anonyme. Pourtant, la concierge insiste : « Sept domestiques... On l'appelait la favorite du roi... On dirait aujourd'hui la p... du roi. » Et elle prononça le mot qui « rime richement en tain », comme l'a écrit élégamment Gresset dans son *Vert-Vert.* Et voilà mes trois femmes qui rient, les deux premières discrètement, la concierge avec plus d'éclat, étant l'auteur de la plaisanterie.

Les mœurs changent, dans l'éternité des types, dans la constance des traits moraux, souvent même des traits physiques. La concierge, qui n'était plus concierge et qui le demeurait si bien sans l'être, était exactement une concierge d'Henri Monnier, telle qu'il eût pu la fixer dans une de ses scènes populaires. Elle a la patine du quartier. Hors de sa rue, elle n'aurait plus la même saveur, et au bas de la colline, elle doit se sentir dépaysée. Quand elle « descend », c'est vers la vieille rue Mouffetard, la « Mouffe », souk fameux et marché quotidien pour les habitants de ces sommets sans négoce.

Mon excursion s'achève. Je vais « descendre » et, par la place de l'Estrapade et la rue des Fossés-Saint-Jacques, rejoindre la rue Soufflot. J'admire le calme de la place de l'Estrapade, avec ses boutiques repeintes à neuf. Le teinturier (*pressing*, « retournages » de vêtements, réparations en tous genres), le cordonnier, le fruitier, autant d'honnêtes provinciaux; cette place, qui fut le lieu de terribles châtiments, où tant de suppliciés ont souffert mille morts, ne prolonge plus que des échos paisibles.

Rue Soufflot, c'est autre chose. Les libraires y ont fait des étalages printaniers : papeterie, romans à bon compte, et des étudiants sont arrêtés aux devantures. Mais le flot de la jeunesse en liberté n'apparaît que boulevard Saint-Michel. Il est là, depuis toujours, contenu entre des rives invariables. Au-delà du boulevard Saint-Germain, ce n'est plus le seuil de la Montagne : c'est déjà, dans son aspect et sa faune, le Paris d'Haussmann. Un passé d'un siècle à peine, jeune encore, et qui vieillit mal...

Pour bien des visiteurs, l'île Saint-Louis est un musée : ils y retrouvent des beautés embaumées et des souvenirs qui appartiennent à tous les guides et à tous les historiens. Une découverte nouvelle de l'île peut toujours s'accomplir : il suffit d'interroger les murs et les archives. Restif de La Bretonne et Félix Arvers s'y partagent des traditions établies : l'un pour y avoir « rêvé » (mais rêvait-il ?) à ses petites amies dont il gravait les noms dans la pierre et Félix Arvers, poète d'un sonnet, pour être né 12, quai d'Orléans. Un mauvais bronze vert-de-grisé rappelle au passant des vers qu'il n'a pas oubliés : *Mon âme a son secret...* Marie Nodier, qui l'inspira, passe comme une ombre sur cette rive, avant d'aller se rendormir dans l'appartement de *L'Arsenal* dont elle fut l'enchantement... Cette imagerie romantique, plus pure que la carte nocturne où Restif de La Bretonne notait ses amours, est à la portée de toutes les caravanes. Le tour des quais, la lecture des inscriptions sur les marbres, un salut aux somptuosités jésuites de l'église Saint-Louis, un arrêt à l'Hôtel Lauzun où Baudelaire accueillait ses amis les haschichins, voilà pour l'essentiel. Les hôtes de Paris et les déjeuners du Conseil municipal ont succédé aux poètes, quai d'Anjou. Quand Lauzun y demeurait, il rentrait chez lui, a-t-on conté, par un souterrain et, don Juan affalé, disait à la Grande Mademoiselle en lui montrant ses pieds : « Fille de Saint-Louis, tire-moi mes bottes ! » J'ai du mal à le croire. Non qu'il n'en fût capable, mais précisément parce qu'il en était capable.

On peut écrire un livre considérable, plusieurs livres, sur l'île Saint-Louis — on les a écrits — sans en épuiser le passé et les charmes. Je suis souvent allé dans cette petite ville close que cerne le fleuve sans jamais altérer ses contours. J'y rejoignais jadis quelqu'un des miens et c'est à présent son souvenir qui m'y rejoint. Mon père, Henry Bauër, y demeura durant les dernières années de sa vie. Je pourrais suivre les étapes de sa carrière, ses mutations et ses penchants, à la succession de ses logis parisiens. Chroniqueur de trente ans, il habitait rue Le Peletier, non loin du boulevard où s'inspirait et se jugeait toute chronique parisienne ; la réussite et l'autorité d'une critique dramatique, l'ayant porté aux premiers rangs de la renommée, je l'allais voir, étant un enfant, dans les deux étages qu'il occupait, rue de Prony, centre artiste et luxueux de la vie bourgeoise du XIXe siècle. Sa liberté d'esprit, son ardeur justicière, lors d'une affaire retentissante, l'ayant fait rompre un contrat avantageux avec le journal où s'était affirmée sa réussite, il se replia vers un quartier moins mondain, d'une beauté classée, intacte, et plus profonde : place des Vosges, où il acquit, dans une solitude volontaire, la sérénité de l'esprit. Ces hautes croisées sur la placc Royale, encadrées de briques et de crépis roses, ces escaliers hautains, ces larges pièces devinrent plus tard un cadre qui dépassait ses moyens, peut-être même son désir. Il trouva, 3, rue Saint-Louis-en-l'Ile, un modeste logis dont les fenêtres dominaient le pont Sully et d'où la vue s'étendait au loin sur l'horizon plat du fleuve. Bercy, les gares voisines, les entrepôts, répandaient dans le ciel leurs souffles et leurs longs appels. Ce n'était pas la grâce du Point-du-Jour, c'était au contraire l'arrivée du fleuve, les aubes mouillées, un paysage à la fois noble et mélancolique, contemplé à la proue d'un navire immobile : dernière méditation d'un esprit qui n'attendait plus rien de la vie. Au mois d'octobre 1915, désespéré d'une guerre dont il avait présagé les ravages, Henry Bauër quitta cette demeure pour n'y plus revenir. Aujourd'hui, une plaque de marbre précise au passant cette ultime station d'un Parisien dans sa ville :

« HENRY BAUER, ÉCRIVAIN ET CRITIQUE,
1851-1915, A VÉCU... »

Un nom, des dates, le témoignage d'une présence, d'une fidélité et d'un achèvement.

Le passant ne lève guère les yeux et le marbre souillé par les pluies, les délayages du plâtre, devient peu à peu illisible. Dans cette île Saint-Louis, les maisons sont ou préservées et constamment astiquées par la richesse ou abandonnées aux délabrements par des propriétaires ruinés. Pourtant, ce ne sont pas là des murs indifférents. A la pointe de la rue, en soubassement de la maison, un petit pavillon occupe l'emplacement de ce qui fut le pavillon des Arbalétriers, dépendant, comme la maison elle-même, de l'hôtel de Bretonvilliers qui enjambait la rue voisine de son arcade audacieuse. La porte du n° 3, que j'ai souvent poussée, est fort belle, avec ses caissons opulents. Elle est classée, mais, un jour, la maison s'écroulera sur elle et je penserai, si je suis encore là pour le voir, que je ne l'ai pas assez regardée. J'avais hâte de monter les trois étages. Je trouvais mon père dans une des deux pièces tournées vers le fleuve. De la salle à manger où nous déjeunions ensuite, je pouvais apercevoir la rue Saint-Louis et ses admirables architectures de l'Hôtel Czartoryski. Notre entretien portait toujours sur les événements du monde, l'actualité littéraire, sur des amitiés, des penchants ou des différences. J'admirais sa liberté de jugement et la force d'un caractère dont j'ai parfois souffert sans jamais cesser de l'estimer. Il était demeuré fidèle aux choix et aux entraînements de sa jeunesse, et ne regrettait aucune des décisions qui l'avaient écarté des honneurs et des profits. Je lui dois d'avoir su estimer, comme ils doivent l'être, les esprits libres qui maintiennent au-dessus de l'habileté et des opportunismes la pureté des convictions.

Parfois aussi, le silence nous réunissait. N'ayant pas vécu avec lui, il me semblait que j'avais beaucoup de choses à lui demander et c'est durant ces silences que ma pensée reprenait les interrogations que je ne prononçais pas. Lui-même, peut-être, rassemblait des confidences qu'il aurait pu me faire et ne m'a point faites. Mais ces silences mêmes étaient une leçon de son caractère. Je l'ai vu irrité par l'injustice, la violence, les préjugés, la victoire des médiocres, je ne l'ai jamais entendu se plaindre. Une plainte rapproche parfois les êtres : elle n'y eût pas mieux aidé que cette silencieuse fierté, ni qu'une adversité dont j'ai connu les ressauts dans ma jeunesse.

De ces rendez-vous avec Paris, qui ne m'ont pas tous appelé de la même voix, l'île Saint-Louis demeure pour moi l'île des souvenirs, de souvenirs intimes, tenus à l'écart, comme l'île elle-même, du bruit de la ville et des oublis. Quand j'y retourne voir un ami, je songe à ceux que je n'y verrai plus.

Quai de Bourbon, je montais chez Pierre Mille lorsque, amarré à sa capitale (cet enfant de Choisy-le-Roi avait couru le monde), il confiait à son Barnavaux, soldat de la « Coloniale », cette fantaisie et cette imagination orientale dont il savait lui-même agrémenter la vie. Le talent et jusqu'au nom de Pierre Mille se recouvrent d'oubli; mais plus l'oubli est immérité et plus les mémoires fidèles soutiennent leur fidélité. Cependant, Pierre Mille réunissait sans doute trop de traits divers pour que la postérité choisît entre tant de visages celui que le temps respecterait. Il était venu de ces milieux intellectuels dont Péguy et Lucien Herr, avec une égale ferveur, maintinrent entre la Sorbonne et l'École Normale l'ardeur indépendante, finalement le prestige. Ces adhésions intellectuelles le rangèrent parmi les amis d'Anatole France, parmi ceux qui appréciaient chez l'écrivain le courage d'esprit et la part qu'il avait prise dans un combat justicier. Pierre Mille recueillait aussi chez son maître une leçon de style et d'humour fin. Mais c'est ailleurs, dans l'expérience des voyages et dans l'enivrant exemple de Kipling, qu'il trouva l'inspiration et le mouvement de ces courts récits dont quelques-uns surnageront peut-être au fil de l'avenir.

Pierre Mille méritait les réussites qu'il souhaitait peut-être, qu'il n'aura pas eues; et de s'asseoir au côté de son maître, sous le laurier vert; et de tourner de jeunes Français vers les horizons d'au-delà des mers. Il souriait à la vie, derrière son lorgnon, aux plaisantes histoires et même aux déceptions; mais je l'ai assez bien connu pour savoir ce qu'il y avait de désillusion dans ce sourire...

Le voyageur Pierre Mille était venu, après de vastes tours, accrocher sa barque à ce havre de Seine. Sur la rive opposée, vécut un jeune poète qui, rêvant de partir, n'est jamais parti. Jean de La Ville de Mirmont avait été le camarade de François Mauriac à Bordeaux :

Je suis né dans un port et depuis mon enfance
J'ai vu passer par là des pays bien divers.
Attentif à la brise et toujours en partance,
Mon cœur n'a jamais pris le chemin de la mer.

Quand il vint à Paris, La Ville de Mirmont s'installa sur le quai de la Seine, où « le cri d'adieu des remorqueurs » lui restituait ses vieux rêves.

Et puis voici
L'Ile Saint-Louis
La plus déserte de toutes les îles,
Sans Robinson, sans Vendredi,
Vaisseau manqué, jamais parti
Vers les Antilles!

Le départ sonne toujours un jour. Ce fut pour Jean de La Ville de Mirmont le mois d'août 1914, pour ces rives dont tant de ceux qui partirent alors ne sont pas revenus.

Nous retrouvons l'absent le long des poèmes que Gabriel Fauré harmonisa; nous le retrouvons dans cette île, âme sœur qu'il nous invitait à connaître : *Fais-en le tour! Fais-en le tour!* A la poupe du navire, à ce point où le quai Bourbon enserre d'une large boucle la masse monumentale des maisons pour rejoindre le quai d'Orléans, le trottoir rehaussé de quelques marches domine à la fois la chaussée et la saillie des quais. De hauts peupliers aux souches robustes tendent une ombre bruissante entre le parterre de l'île et le paysage qu'elle regarde... C'est un des lieux nobles et charmants de la capitale, un promontoire élevé sur son passé. Des couples s'y retrouvent à la tombée de la nuit, s'y croyant seuls et donnant à le croire. Au pied de l'île, le quai offre au ras de l'eau le refuge de pierres lisses et de ses hauts ombrages. Deux becs de gaz à lanterne ouvragée, comme il n'en est plus guère dans la ville, sont les feux accrochés — bâbord, tribord — aux flancs du navire. Ailleurs, les ombres paraissent plus épaisses d'être silencieuses.

La nuit d'été
Sur la Cité,
La Seine sans bateaux-mouches,
— Le tout sous la clarté stellaire —
Pareil spectacle est bien fait pour te plaire...

Pour nous plaire, certes, pour y ramener nos pensées vers ceux qui ne peuvent plus le voir que par nos yeux. Le souvenir maintient plus de vivants attentifs que la vie devant ce qui nous la fait aimer...

LORSQU'ON contemple, appuyé au bastingage de l'île Saint-Louis, le noble horizon du quai des Célestins, on pense au charme que put avoir jadis ce paysage parisien puisqu'il en a conservé une si vive part, en dépit des dégradations. Le pont Marie comportait, il est vrai, des maisons à plusieurs étages qui devaient gêner la vue et surcharger l'ensemble; mais ces maisons furent abattues vers la fin du XVIIIe siècle, quelques années avant la Révolution, et le pont dégagé apparut alors, tel qu'on le voit aujourd'hui, dans sa belle structure, avec ses arches rassurantes et ces piles dont les éperons fendent le fleuve de leurs pierres séculaires. Des ponts, comme le pont Marie, comme le Pont-Neuf, sont des témoins auxquels un Parisien se sent attaché par un sentiment plus proche de l'affection que d'une gratitude passagère. Ces pierres, étonnamment animées, maintiennent leur jeunesse dans le renouvellement de la vie. Singulièrement le Pont-Neuf. Le fleuve coule sous les arches, dont les butées s'appuient au sol de la ville, et la ville sans cesse coule sur son dos robuste et jamais las. Que le Pont-Neuf disparaisse, Paris, soudain privé de son passé et de cette union quotidienne de la pierre et des hommes, y perdrait de son âme!...

Le pont Marie et le pont de la Tournelle qui le précède sont les deux vastes amarres de l'île et, par la rue du Cardinal-Lemoine et la rue des Nonnains-d'Hyères, relient la Montagne Sainte-Geneviève au Marais : le Paris de Ronsard au Paris de Corneille. Cette voie transversale longe, dès qu'elle débouche sur la rive droite, l'Hôtel de Sens, le plus vieux témoignage d'architecture civile de notre capitale. Entre les archevêques de Sens pour lesquels il fut construit et Gabriele d'Annunzio qui y logea le temps d'écrire *Le Martyre de saint Sébastien* (ce décor urbain, un peu théâtral, avait tout pour lui plaire), la reine Margot y installa ses amours de quinquagénaire. Point pour longtemps : un amant d'hier lui tua son amant du jour et elle fit raccourcir l'assassin, sur le lieu même du crime, devant la porte de l'hôtel. Après quoi, dégoûtée, Margot changea de résidence; et l'hôtel revint aux archevêques de Sens, à savoir le cardinal Duperron qui avait initié Henri IV au catholicisme. Ces détails historiques forment un fonds romanesque pour toute découverte ou retour à l'Hôtel de Sens : le visiteur a l'impression d'avancer dans un roman d'Alexandre Dumas père.

Le quartier a beaucoup souffert, pourtant, des démolitions qu'on y a pratiquées lorsque les maisons ne tombaient pas d'elles-mêmes. Depuis vingt ans, on élague, on abat et l'on y a reconstruit ce que l'architecture officielle appelle des « immeubles d'accompagnement ». Ces édifices ne sont pas offensants pour les tourelles de l'Hôtel de Sens. Ils manquent, certes, de passé, mais les fumées du faubourg Saint-Antoine, les remorqueurs de la Seine, atténueront bientôt de leur patine la jeunesse de leurs façades. L'Hôtel de Sens, clos et barricadé, ne présente au passant que des murs délabrés, couverts de *graffiti*. On n'y lit plus des injures à l'adresse de la reine de Navarre que le peuple s'étonnait de voir logée « au logis d'un prêtre » : ce sont des rendez-vous du quartier, agrémentés d'images symboliques et de polémiques politiques. « Vivent ceux-ci ! » « A bas ceux-là ! » Les vivats et les malédictions s'enlacent aux serments d'amour. *Vive le parti d'en rire!* a écrit finalement d'une craie enfantine un jeune philosophe.

De vieilles façades, dans l'étroite rue de l'Hôtel-de-Ville, côtoient ce mur imagé : maisons valétudinaires que les autorités ont décidé de sauvegarder. Le quartier sera aménagé de façon à ne pas trahir son ancienneté. En conformité des grands projets décidés il y a une vingtaine d'années, une Cité internationale des Arts se dressera non loin de l'Hôtel de Sens, sur les terrains qui avoisinent la rue de Jouy et l'Hôtel d'Aumont. Des artistes de tous les pays du monde viendront demander les secrets de l'avenir au passé d'une grande cité... Les choses vont lentement : si l'on porte son regard en ce printemps à travers les planches qui interdisent l'entrée de l'Hôtel de Sens, on aperçoit une cour pleine de gravats, des corniches ébréchées, des murs à l'abandon. Les budgets sont maigres et les réalisations plus lentes que les décisions...

Mais point n'est besoin de ces futures résurrections pour que le passé, ici, se fasse deviner mieux encore qu'il ne se fait voir. Ces noms : rue Charles-V, rue Beautreillis, rue des Lions, attestent une demeure royale disparue, avec ses vignes et ses ménageries; ces lourdes portes, ces cours humides, ces balcons s'ouvrant sur des rues qui ne sont pas toujours encombrées et qui, le soir, redeviennent mystérieuses, rappellent de fameuses noblesses et de vieux drames. La Brinvilliers les a suivies, et Mme de Sévigné également, quand sa fille allait naître. Mais on peut l'ignorer et se promener entre ces murs sans se charger de reliques. L'évocation se fait d'elle-même, comme si le souffle qui vous passe sur le visage était celui des siècles mêmes où ces pierres ont grandi.

Molière a joué avec sa troupe quai des Célestins? Mais oui! Baudelaire habita rue Beautreillis, à dix mètres de la maison où Sardou est né? Certes. Je pourrais ne pas le savoir, ne l'avoir point lu, ne pas me le rappeler : leur ombre, malgré tout, me frôlerait au passage. Parfois même, il faut avancer dans ces rues sans lever les yeux, d'une démarche presque aveugle, en somnambule, conduit d'une main légère par le passé qu'on ignore...

Le soir est tombé et les premières lumières s'allument sur le trottoir détrempé. La rue Saint-Antoine, fleuve bruyant, coule au bout de la rue. Frontière vivante. Sur l'autre rive de ce vieux cours de notre capitale, un autre passé commence. Ce n'est plus Charles V, ce n'est plus Henri IV, mais Louis XIII qui l'occupe et le domine de ses imaginations orgueilleuses...

J'AURAI bien aimé les marchés; je les aimerai toujours. Leur rendez-vous me paraît être l'expression la plus tonique de la vie. Elle est le premier signe de la civilisation : le point d'échange où se rencontrent ceux qui, venus de loin à la ville, caravaniers du désert ou maraîchers des grandes banlieues, portent le sel de l'existence. Quelle animation! Quelle couleur! Marchés de légumes comme celui de la *piazza dell' Erbe* à Vérone, où les tomates, les aubergines, les artichauts, les courges alignent en rangs serrés leurs robes voyantes sur des parterres d'estragon, de thym et de fenouil. Ils rendent en relents et en rayons succulents ce que le soleil leur a prodigué de chaleur; marchés de Venise au bord de l'eau clapotante; marchés aux poissons d'Amsterdam et de Bergen, où la pêche, encore remuante, passe des cales des bateaux aux dalles luisantes des quais; petit et grand Socco de Tanger, où les sacs de farine et de graines répandent leur fine poussière dans une odeur de friture et de thé à la menthe, parmi un brouhaha de marchandages, de changes de monnaies et de cris d'ânes; Mouski du Caire où l'on trouvait jadis des objets enchantés; Médina de Taroudan où des Berbères vous tendent, accroupies, des sucreries, des cornes et des poignards. Les bazars et les souks ont formé longtemps, et forment encore, mais avec moins d'imprévu, la grande palpitation de l'Orient que peut seul suspendre l'appel de la religion. Pour être moins ardents, les marchés de France et de Paris portent jusqu'aux éventaires de la rue les témoignages de l'abondance... Si je devais être las de la vie, il me semble que c'est dans les marchés et à la vue des nourritures terrestres que j'en reprendrais le goût.

Ce qu'on nomme les marchés aux puces ont moins de saveur et plus d'attraits peut-être, puisqu'ils substituent au charme éblouissant de la fraîcheur l'appât d'une découverte. Ils exhalent une mélancolie : celle des destins accomplis, des romans achevés, des vies interrompues. Combien d'aventures dans ces choses de « seconde main » qui ont vécu, qui ont encore à vivre, mais ne diront jamais leur passé à leurs nouveaux maîtres! On le devine parfois. Je me rappelle avoir séjourné en 1938 à Riga, qui avait cessé d'être un grand port russe pour devenir la capitale de la Lettonie. La Lettonie avait traversé de grandes vicissitudes : guerre, révolution, dictature, tout ce dont on aura comblé les hommes de ma génération. Après avoir visité la ville en tout sens, je demandai s'il y avait quelque part des magasins d'antiquités. On m'envoya sur une place assez lointaine où se tenaient des marchands, rassemblés en ce lieu bien plus par infortune que par métier. Les barons baltes dépossédés, quand ils n'étaient pas morts dans les remous de l'aventure, y faisaient vendre par des amis ou par d'anciens serviteurs leurs derniers biens, à côté de vieux Juifs, chassés d'Allemagne, et qui offraient aux chalands leurs bijoux de famille... Ces hommes si longtemps différents, opposés par leurs croyances, par les mœurs ou les préjugés, portaient le même uniforme de la détresse. Je n'oublierai plus ce Juif, tremblant de froid et d'immobilité, qui tenait une soucoupe où il y avait une chaîne de montre, une bague de femme, une tabatière. C'eût été une bonne action, peut-être, que d'acquérir au passage un de ces objets, au prix demandé; et pourtant je n'ai rien acheté, par pudeur, par gêne de tenir d'une infortune ce qui aurait peut-être fait ma joie d'un instant.

Les marchés aux puces inspirent moins de délicatesse. Les antiquaires et les « équipes » de l'Hôtel Drouot (« la bande noire » est une appellation bien romanesque!) en forment le fond régulier, auxquels s'ajoutent maintenant des beautés sur le retour et de vieilles actrices, du moins au Village Suisse et à Biron, devenus l'un et l'autre une succession de magasins où les acheteurs américains s'approvisionnent d'opalines, de lampes romantiques et de bois doré. Les marchands se visitent les uns les autres, aux matins d'ouverture; et pour trouver une « occasion » après eux, il faut vraiment beaucoup de patience et de chance. Les temps sont loin où les Goncourt achetaient sur les quais des dessins de La Tour pour deux francs et où le Docteur La Caze, qui a laissé son nom et une collection à l'une des salles du Louvre, ne payait jamais un tableau plus de cinquante francs...

Bicêtre, Saint-Mandé, Pantin (aux quatre chemins) et Bagnolet offrent plus d'imprévu et sont moins fréquentés des Américains et des belles dames du XVIe. Encore n'est-il plus que deux « marchés » à Paris qui aient gardé leur caractère de libre friperie : l'un qui se déploie le dimanche matin, à l'orée de la place Monge, rue Gracieuse, et l'autre à la Porte de Vanves, le même jour, aux mêmes heures. Vous pourrez vous y improviser acheteur ou vendeur à votre gré, sans licence et sans payer aucun droit de stationnement. Ici, la police n'intervient que sur réquisition. Admirable liberté, qui maintient encore en ces lieux les combinaisons du hasard. C'est ici et non plus au Palais-Royal qu'un jeune homme, marqué au front par le destin, pourrait découvrir une peau de chagrin parmi des hardes et de vieilles frivolités.

Entre ces marchés parisiens il en est un où souvent je retourne; parce qu'il est un des plus anciens et parce qu'il les contient tous : un marché couvert avec de petites halles ordonnées, un marché en plein vent, ceinturé le matin par les échoppes d'un marché aux puces. Une place de gros bourg provincial les encadre, élevant en son centre un pavillon qui recèle des balances publiques et deux bureaux pour les « inspecteurs ». Au-dessus du fronton, une vaste horloge sonne les heures de ce négoce qui ne connaît pas de vacances. Le marché de la place d'Aligre est ouvert la semaine et les dimanches, et cela depuis fort longtemps, sinon depuis cet an 1778 où Mme de Beauvau-Craon en décida l'établissement. Il fut d'abord marché de paille, de foin et de légumes. Quelques vieilles maisons d'un étage subsistent place d'Aligre et s'ouvrent sur de vastes cours qu'encombrèrent les chars des marchands et les chevaux dételés, attendant à l'anneau les crépuscules du retour. Ces cours sont devenues des garages privés et l'ancienne auberge, un restaurant en renom, avec un bar et des tabourets de cuir rouge. Mais le crépi de la façade avoue heureusement son ancienneté.

Le matin est plus animé place d'Aligre par la présence des brocanteurs qui, l'après-midi, émigrent à l'Hôtel Drouot. Deux d'entre eux ont pris boutique sur la place même, dressant des bronzes patriotiques parmi des vaisselles de repas de noces et des samovars bosselés. L'un d'eux a ajouté la vente des meubles de cuisine à ses vieilleries : il faut se mettre au goût du jour. Mais la place d'Aligre ressent cette blancheur comme une tache.

L'après-midi, les charcutiers, fromagers, fruitiers, les marchands de bonneterie, de parfumerie, les bouquinistes de la « Série Noire » et du « Masque » deviennent les maîtres du marché Beauvau : des maîtres attachés à leurs habitudes et fiers de leur négoce. Parlez à l'un d'eux comme il m'arrive de le faire : il connaîtra son histoire et vous dira que le marché date de 1843. Ce qui est vrai pour les bâtiments reconstruits à cette date. Mais on le sent plus vieux, encore, lié, comme le faubourg Saint-Antoine qui l'avoisine, au passé mouvementé de Paris. Et de fait l'histoire a défilé sur cette chaussée Saint-Antoine, si prompte à se hérisser de barricades. Du fond de ces cours, où s'accomplirent tant d'œuvres de maîtrise, sont sortis les plus ardents révolutionnaires de la rue, ceux qui posent l'outil pour aller se battre et changent parfois le sort d'un régime sans changer le leur. C'est là que Paris affirma sa révolte au mois de juin 1848. C'est là que, trois ans plus tard, il protestait le matin du 3 décembre. On se battait au faubourg; mais, place d'Aligre, je le suppose, on faisait encore son marché en commentant l'événement, les joues véhémentes et le cœur inquiet : « Comment tout ça *va-ti* finir ? »

Cela ne finit jamais. Il faut bien manger tant que l'on vit. Et revenir au marché, des sous dans la poche ou la bourse maigre, et choisir ce qu'on peut parmi les dons de la terre et les inventions des hommes.

Au printemps, on y peut rencontrer des flâneries délicieuses. Les hauts peupliers (quelle forêt que Paris !) animent de leurs reflets l'eau paresseuse du canal. Les passerelles en dos d'âne rappellent celles qu'on voit à Venise, dans les quartiers populaires. Sur les bas-côtés, quai de Valmy, quai de Jemmapes, des autos, ivres de sens unique, détruisent la sérénité que durent offrir jadis les rives de ce canal parisien. Mais des maisons d'un étage, avec leurs toits penchés, rappellent çà et là que le canal Saint-Martin est une création de la Restauration ; création que le Second Empire a scellée de sa prudence.

Construction remarquable et prompte : trois ans y suffirent entre le mois de mai 1822 et le 4 novembre 1825, jour d'inauguration, où l'on célébrait pour la première fois la fête du roi.

Cette année 1825 marquait un renouvellement. Louis XVIII, l'automne précédent, avait été enterré sans regret, et Charles X avait apporté, en entrant à Paris, des espérances libérales qui furent déçues, mais n'en furent pas moins alors des espérances heureuses. Les Arts étaient à l'honneur : le roi avait décoré Horace Vernet et M. Ingres, Mlle Mars avait fait sa rentrée à la Comédie-Française, et Rossini était le dieu du jour.

L'inauguration du canal annonçait un bienfait qui ne se fit pas trop attendre : les fontaines d'une partie de Paris ne manqueraient plus d'eau... C'est à quoi les Parisiens furent le plus sensibles, car le canal traversait une zone peu peuplée, du moins dans toute la région qui s'étendait du bassin de l'Arsenal au canal de l'Ourcq.

Le bassin de l'Arsenal, allongé dans les fossés de la Bastille, s'ouvrait sur la Seine légèrement en amont de la petite île Louvier, aujourd'hui reliée à la rive. Ce fut un point de départ naturel pour la route d'eau qui rejoindrait le canal de l'Ourcq. Le tracé du canal passait sous la fontaine de l'Éléphant et affleurait, au-delà de la place de la Bastille, pour suivre un chemin qu'il suit encore, le long du boulevard Richard-Lenoir. On ne le voit réapparaître, à présent, que passé le boulevard du Temple, entre ses deux quais, Jemmapes et Valmy, fidèles à d'illustres victoires. Avant Napoléon III, ils avaient porté le nom des deux rois, Louis XVIII et Charles X, sous le règne desquels ils avaient grandi. Tout ce que fit l'Empire pour le canal Saint-Martin fut de le recouvrir de la place de la Bastille au faubourg du Temple. Il gênait la circulation; et en juin 1848 il avait servi de point d'appui à l'insurrection. Le général Lamoricière dut emporter au canon les barricades élevées de part et d'autre du canal pour réduire les insurgés et il n'y avait réussi qu'après une lutte de plusieurs jours. C'étaient, en 1852, des souvenirs encore frais. La crainte des barricades donna de l'air à l'urbanisme d'Haussmann; mais il enferma sous une voûte et durant dix-huit cents mètres le canal Saint-Martin. Combien de Parisiens, passant place de la Bastille et boulevard Richard-Lenoir, savent-ils qu'une flotte navigue sous leurs pieds? Ce qui se produit avec intensité lorsque la Seine est en crue. La vitesse des eaux y rendant la navigation difficile, des trains de péniches, par crainte des heurts et des avaries, préfèrent traverser Paris entre ses rues et sous ses places qu'au fil du fleuve. On voit alors défiler, à hauteur des trottoirs, ces longues maisons flottantes, vieilles barques d'illusion pour les âmes nomades, mais qui obéissent à des itinéraires très précis et à des disciplines sans caprice. C'est, à Popincourt, le charme du printemps et des étés : l'invitation au voyage est dans la rue, entre l'écume des écluses, sur cette moire sombre, sous ces fines passerelles où l'on peut toucher de la main les hautes branches des arbres.

C'est un rendez-vous du soir que j'ai pris avec le canal. Pourquoi la nuit? Par réputation et par mauvaise réputation. Au temps des *Mystères de Paris*, les lieux malfamés se tenaient encore dans le Paris médiéval et le *Tapis-franc* s'ouvrait non loin de Notre-Dame. Quand il s'éloignait de Paris, le « chourineur » donnait ses rendez-vous à l'île des Ravageurs, près d'Asnières. Les tapis-francs de la rue de la Huchette ne sont plus que des bistrots achalandés et Asnières est devenu un dortoir de petits bourgeois. Les mauvais lieux, comme les bons, ne sont pas immuables.

Eugène Sue, donc, n'a pas pris de rendez-vous pour le prince Rodolphe aux environs du canal Saint-Martin; mais le mélodrame sut en prendre sous la Troisième République. Je me souviens d'une écluse dans *Les Deux Gosses* de Pierre Decourcelle, devant laquelle j'ai frémi au temps de ma jeunesse et qui devait être, si j'ai bonne mémoire, une écluse du canal Saint-Martin. Les longs boulevards solitaires qui se succèdent jusqu'à La Villette de part et d'autre de ce ruban d'eau ont été le cadre de « faits divers » nocturnes qui ont suffi à fixer une réputation. Les cris d'une dispute, une plainte sourde, le bruit d'un corps tombant à l'eau, voilà la « séquence » qui, pendant longtemps, a illustré la réputation du canal Saint-Martin. Cette sorte d'images aux couleurs vives ne pâlit que lentement dans le film jamais achevé d'une capitale. Il est des citoyens paisibles qui, pour tout l'or du monde, n'iraient pas se promener vers minuit le long du canal Saint-Martin.

C'est pourtant l'heure que j'ai choisie. Il faisait doux. Peu de vent dans les peupliers et sur l'eau du canal endormi. Le long des deux rives, des autos attardées se hâtaient. Point de passants, ou si peu! Quelques fenêtres encore allumées : rares veilleurs dans un quartier de petite bourgeoisie ouvrière et artisanale, où l'on sait le prix du sommeil. Je suis monté sur la passerelle qui fait face à la rue Dieu d'où l'on domine le canal dans ses deux aspects de large bassin et de chemin étranglé entre le caisson des écluses. Au-delà des écluses, un trou noir dans l'ombre de la nuit : l'entrée du tunnel dont l'extrémité s'ouvre sur le port de l'Arsenal, sous le métropolitain de la place de la Bastille. Point de rêveries ! N'évoquons rien d'autre que ce qui est : cette route d'eau au sein d'un quartier populaire, sombre artère qui, liée par un fleuve, relie Paris à la mer, et par le canal de l'Ourcq à ces champs de bataille de la Marne où la capitale a souvent défendu ses approches. Que de travaux, de quotidiens efforts, que de richesses transportées depuis plus d'un siècle entre ses rives, dont seuls les riverains partagent l'animation et les secrets ! Nous sommes tous, plus ou moins, des villageois dans Paris : nous y connaissons notre village, nous lui sommes fidèles et je ne rencontrerai pas ici, fût-ce par un beau jour, les seigneurs de la place Vendôme et les patriciens du boulevard Suchet. Pourtant, je ne m'y sens pas dépaysé : le faubourg ne m'est jamais inquiétant ni hostile.

Ce silence est attirant. Un square grillagé longe le canal, quai de Jemmapes. J'y descends; je pousse une porte de fer qui s'ouvre sur le chenal des écluses, et une voix me hèle dans la nuit : « Eh ! là-bas... qu'est-ce que c'est ? Il ne faut pas aller là... » Un gardien surgit d'un petit chalet riverain dont les vitres embuées répandent une lueur jaune sur le quai. Il s'approche, se rend compte de mes intentions, paraît rassuré, commente sa semonce : « J'étais dans mon chalet, j'ai vu une ombre..., vous vous approchiez du canal... Vous comprenez, je n'avais pas envie d'aller vous repêcher!... » Il a un fin visage, des cheveux grisonnants, un teint aéré. Il est en taille, la poitrine tenue dans un chandail clair : l'air d'un marin. Marin d'eau douce, marin d'un canal parisien, mais marin tout de même. Il ajoute : « J'ai cru que vous alliez vous coller à l'eau! — Mais j'y vois clair, je voulais observer de plus près l'écluse et l'entrée du tunnel. » Il continue : « Ah! j'ai eu peur que vous ne vous suicidiez... Voilà plus d'un mois qu'il n'y en a pas eu. Ça fait longtemps... Alors, j'ai cru que cela allait recommencer... »

Ce n'est pas ce que j'attendais. Je lui dis ma surprise : on se suicide donc encore en se jetant dans le canal? « Eh! bien sûr!... Parfois, on passe des semaines sans en voir... Et puis, tout d'un coup, il y en a trois ou quatre en quelques jours... — Mais qui? — Des hommes, des femmes, des gens du quartier... Disputes de ménage, chantages sentimentaux, misère aussi. — On peut donc se noyer dans le canal? » L'homme de métier redevient un expert. « Ici, il y a quatre mètres dix de profondeur. Cela suffit pour se noyer. Pour creuser le tunnel en 1860, le plan d'eau fut abaissé de six mètres. La dénivellation entre le bassin de La Villette et la Seine est de vingt-quatre mètres... Ça n'a pas l'air... » Comme il dit, ça n'en a pas l'air; et l'on en apprend des choses, à minuit, au canal Saint-Martin!

Il est là comme chez lui; et, de fait, il est chez lui dans ce chalet, où il demeure tant que dure sa garde : vingt-quatre heures d'affilée; après quoi, un autre « marin » prend la relève. Nous ne nous séparerons pas sans qu'il me donne un conseil : « Puisque « cela » vous intéresse, à votre place, j'irais jusqu'à Jaurès, jusqu'au bassin de La Villette et de là jusqu'aux Abattoirs, à la jonction des trois canaux. Là où le canal Saint-Denis rejoint l'Ourcq et le Saint-Martin... »

La nuit était douce. J'ai suivi le quai de Jemmapes jusqu'à la croisée du boulevard de La Villette : longue voie bordée de sommeils, de maisons crayeuses, d'entrepôts silencieux, clos sur un trottoir sans aventure. Pas de flâneurs, ni de « tapineuses » : toutes les ombres semblaient fuir leur solitude. A la croisée du boulevard de La Villette et de l'avenue Jean-Jaurès, le canal descend de nouveau sous terre entre des quais élargis, encombrés de marchandises, pour reparaître à l'extrémité de la place de Stalingrad, sous un léger ombrage de saules.

Le quai de la Seine et le quai de la Loire bordent le bassin enfermé entre des hangars et des grilles. Rues sans joie et pis que sans joie, sans signe humain. A une heure du matin, on pourrait disparaître là sans laisser de trace. Ni vu ni connu, comme le sylphe de Valéry.

Le quai de l'Oise et le quai de la Marne qui les prolongent jusqu'au bassin triangulaire où les trois canaux mêlent leurs eaux, ne sont pas plus peuplés. Eh quoi! je n'en aurai rien à dire que cette impression oppressante de prison, de lassitude, qui peut devenir une peur, d'avancer le long d'un mur sans fin, en ligne droite, près d'un canal qu'on ne voit pas, qu'on aperçoit seulement de temps en temps, dans l'entrebâillement des hangars.

Mais soudain, cet horizon monotone devient moins silencieux : un bourdonnement de vie, qui est aussi celui de la mort, s'élève au-dessus de bâtisses durement éclairées. Le canal de l'Ourcq s'insère, indifférent et sombre, entre les pavillons des tueurs et le marché aux bestiaux des Abattoirs. C'est au petit jour, quand les cris des bêtes se sont tus, un spectacle qui remplit l'âme d'une résignation lourde. Cette eau, sans reflet, rejoint un horizon sans espoir dans la lueur incertaine de l'aube.

Léon-Paul Fargue, piéton des nuits de Paris, qui avait tout vu, prétendait que cette apparition du canal de l'Ourcq, Styx de bronze, était, au sein de ces abattoirs, une vue terrestre de l'enfer. Est-ce d'avoir pensé à lui sur ma route ? Je compris qu'il m'avait touché l'épaule, qu'il m'accompagnait une fois encore de son pas amical et silencieux. Ce fut lui qui me ramena jusqu'aux lumières des boulevards et jusqu'à la place Blanche, me quittant, ombre soudain disparue, au seuil d'une brasserie qui lui fut familière...

JUSQU'A quatre heures, cet après-midi, des magasins seront fermés : les épiciers, les bouchers et ce restaurant dont la cuisine expose sur son fourneau refroidi un rôti de veau dans sa sauce et des « frites » un peu lasses. Ces souks parisiens : la rue du Commerce, la rue Cler, la rue Mouffetard, ont pris des habitudes orientales; aux heures chaudes, elles font la sieste. La rue de Belleville, et bien d'autres avec elle, les ont imitées; mais ces fermetures ne diminuent guère l'animation de la rue qui est celle d'une grande rue de province. On y trouve tout. Belleville, avant d'être réuni à Paris par l'annexion de 1860, était la treizième ville de France en importance par le chiffre de ses habitants. Les plaisirs avaient fait son succès.

On allait au bal à Belleville et boire du vin des coteaux, comme les Viennois, qui ont su conserver leurs villages, vont encore à Grinzing. La Restauration, puis le Second Empire, qui fut rieur, avaient adopté Belleville. On dînait au *Bœuf rouge*, on dansait au *Galant Jardinier*, on conspirait chez le *Père Denoyez* et, au temps de sa jeunesse et du carnaval, Charles de La Battut, que l'on confondait avec Mylord l'Arsouille, raflant les beautés de l'endroit et les installant dans une immense calèche, apparaissait au petit matin sur le boulevard : descente de la Courtille devenue l'une des imageries du romantisme.

Aujourd'hui, il faut vraiment y penser pour se persuader que la Courtille tenait entre la rue Piat, la rue Ramponneau et le boulevard de Belleville et que tant de folles nuits recouvrirent jadis cette rue de négoce et de familiarité provinciale. Quelques maisons construites sous le Second Empire (quand Haussmann désencombrait prudemment sa capitale) élèvent rue de Belleville des façades à ornements de plâtre et de fonte; mais l'attrait, comme si souvent à Paris, tient bien plus dans une atmosphère que dans une architecture; et ce qui est vrai aux Champs-Élysées l'est aussi rue de Belleville et chez sa sœur, rue de Ménilmontant. Il y survit, malgré tout, une allégresse du passé, un fumet de guinguette. Certes, le théâtre de Belleville a disparu et s'est mué en cinéma. On regrette sa large façade et son fronton à colonnes. Ces théâtres des villages parisiens, tous fondés entre 1830 et 1840 (le théâtre Montparnasse en est le survivant authentique), eurent leur répertoire, approprié à leur public, où de grands acteurs se formèrent au mélodrame, c'est-à-dire à la ferveur. Deux ou trois bals, qui font florès le samedi et le dimanche, relient encore le Belleville de 1955, à la Courtille romantique.

Me voici donc, montant à petits pas — la pente

de ces collines parisiennes est assez abrupte — et satisfait de retrouver ce que j'ai dû presque oublier, la rue de Belleville jusqu'à la rue Piat. Je voulais revoir ce panorama de Paris, différent de celui qu'on aperçoit depuis le Sacré-Cœur, moins étendu, plus populaire, mais où scintillent aussi quelques dômes illustres. La rue Piat, limite autrefois de la haute Courtille, fut habitée jadis et naguère par des artistes, des écrivains, des gens de théâtre. Ils y trouvaient le repos quand c'était un village; ils le rencontrèrent dans ses rues écartées, quand ce fut un faubourg. Dans la villa Ottoz, qui s'entrouvre sur la rue Piat, une plaque de marbre désigne la maison : « Ici, 3, Villa Ottoz », où Jean Dolent vécut trente ans — Jean Dolent, amateur d'art, d'un talent secret mais qui sut se créer des fidèles. Il devait aimer son « village » de Belleville, comme Favart l'aima, mais, d'un nom à l'autre, du créateur de l'Opéra-Comique à l'esthéticien, on comprend que Belleville avait changé. Une chanson s'y était tue avec les derniers carnavals de la Courtille et les annexions du Second Empire.

La rue Piat aboutit sur un tertre bosselé où se perdent la rue des Envierges, la rue du Transvaal et la rue Botha. A l'extrémité de la rue Vilin, un belvédère domine un escalier qui descend vers le passage Julien-Lacroix. C'est ici qu'il faut contempler Paris, avec des yeux moins avides que Rastignac, surtout en un âge où le souvenir assoupit l'ambition. Quel endroit, à la fois misérable et charmant! Si l'on poursuit sa route sur ces bosses de terre et de pierre, on parvient au passage Piat qui dévale sur la rue des Couronnes. L'ancien passage ne comporte plus qu'une maison, une maison de briques où Olivier Twist n'aurait pas été dépaysé. Le nouveau passage est un escalier dominé par un pavillon hétéroclite. Deux chiens montent la garde parmi des poules que régente un coq provocant et furieux dès qu'on s'arrête pour regarder ses poules. Alentour, les arbres noirs de l'hiver, sur la pente du talus, commencent à bourgeonner. Dans un enclos, des enfants jouent. Des chiens se promènent qui connaissent le quartier mieux que personne et furètent parmi des détritus, des ferrailles, de vieilles pierres et des pailles en y découvrant des satisfactions inépuisables.

On peut demeurer quelques moments à contempler ce paysage urbain, vaste dédale de toits, de rues étroites, que dominent les deux tours de Notre-Dame-de-la-Croix, église dont le nom ne repose que dans des cœurs populaires, premières communions enfantines et mariages du samedi, suivis de ripailles et de chansons.

Par un passage en escalier, entre des murs décrépits, sur des pavés que n'ont pas égalisés les lassitudes ni l'eau dévalante des jours de pluie, j'ai rejoint la rue Julien-Lacroix et la petite place de Ménilmontant. La promenade avait été longue, l'air était presque lourd, j'entrais dans un bar avant de descendre jusqu'au boulevard.

C'ÉTAIT un grand bar, avec un vaste comptoir d'étain, un bar de première classe, auquel il ne manquait rien : ni tabac, ni P. M. U., ni éclairage fluorescent dans les tons roses. Les tubes n'en scintillaient pas encore, fort heureusement, car je trouve cette lumière désobéissante et agressive. Donc, c'était un bar prospère. Deux appareils à billes, à sonneries lumineuses, retenaient quelques jeunes gens autour de leur innocent hasard. Jadis, ces appareils étaient des appareils à sous où l'on risquait parfois de gagner quelque chose. Un ministre de l'Intérieur, je ne sais plus lequel, les ayant trouvés immoraux, décida d'y substituer des appareils où l'on ne gagnait plus rien. Mais pour qu'il fût entendu que le peuple de Paris pouvait s'amuser quand même à perdre son argent, un autre ministre de l'Intérieur installa le « Paris Mutuel Urbain » à portée de la main, entre le tabac et les appareils à billes : ainsi personne n'est oublié et tout est pour le mieux dans le meilleur des mondes.

Un homme puissant, installé derrière le bar, régnait sur ces différentes activités, flanqué d'un garçon plongeur qui servait et nettoyait les verres : une dame grisonnante, d'aspect sérieux et bien nourrie, vendait des timbres et le tabac; et le reste de la salle appartenait à une fille printanière, droite sur ses jambes, bas de soie, escarpins

« pastel », le buste bien pris dans un « chemisier » de toile, blonde d'un blond authentique, la chevelure en ordre coupée à la hauteur de la nuque, une gorge heureuse entourée d'une chaîne mince où se balançait une croix d'or, un petit nez vivant et des yeux clairs. Au poignet, qu'elle avait un peu gros comme ses mains (la seule erreur de la nature), une montre-bracelet, également un peu forte. Elle s'approcha de moi avec autorité. « Ce sera ? — Un quart Évian. » Je compris que j'avais, en un mot, perdu tout crédit auprès de cette belle personne. « Nous n'avons pas de quart, répondit-elle, on va vous en verser un verre. »

Et se tournant vers le garçon plongeur, elle lui transmit la commande. Puis m'ayant apporté cette eau, triste à ses yeux, elle se mit à parler avec une cliente, assise à la table voisine, personne lestée de paquets et qui était venue se rafraîchir.

— Alors, vous partez pour Pâques ? lui dit-elle.

— Oui, répondit la commère... Vous avez vu : le Président est à Vizille, dans sa propriété, y aura personne à Paris... Et vous ?

La belle fille se redressa.

— Ah ! j'ai plusieurs occasions pour lundi... Dimanche, je suis ici toute la soirée... puis elle cita des prénoms : Marcel, Claude, Julien, associés à des promenades qui montraient assez que le choix ne lui manquait pas, mais qu'elle ne s'était pas déterminée. Un jeune homme, fort occupé à son jeu de billes, se détourna, l'appela à ce moment : « Juliette, viens un peu ! » Elle ne se dérangea pas, dédaigna de répondre, lui faisant signe de la main qu'il n'avait qu'à se déranger lui-même. Un client installé devant un journal de courses, à son tour, interpella Juliette d'une voix lente et sûre. Cette fois, Juliette se dérangea.

— Faut espérer qu'il va faire beau pour les fêtes, me dit ma voisine qui, sans doute, supportait mal d'être silencieuse...

A l'autre bout du bar, Juliette souriait de haut, avec quelque provocation. C'est alors que parut un troisième homme vers lequel Juliette se porta vivement, l'air innocent. Un colloque chuchoté parut mal résoudre les questions posées par le nouveau venu. Juliette équivoquait, un peu gênée, comme Célimène, durant la scène des portraits. Car c'était Célimène, c'était Jacqueline, c'était Clotilde, c'était l'éternelle coquette dont le théâtre n'a pas encore fixé le type populaire. Je dis à ma voisine : « Belle comme elle est, elle n'aura pas de mal à trouver un mari. » La commère me regarda, confondue de tant d'innocence. « Un mari! me dit-elle à voix basse... Elle en a déjà eu deux... Quand elle les quitte, elle revient ici, chez son oncle, le « gros » du comptoir, aussi toqué d'elle que les autres... Et puis ça recommence; ils sont tous là comme des mouches autour du sucre... »

Dehors, c'était vraiment le printemps...

POUR rejoindre l'église Saint-Germain-de-Charonne, je ne prendrai ce matin, ni l'avenue de la République, ni l'ennuyeux boulevard Voltaire, mais les boulevards extérieurs, Rochechouart jusqu'à Ménilmontant, la lisière des anciens villages de Paris, où l'on voit maintenant défiler les faubourgs — et leur faune. Petites femmes de Montmartre, mal éveillées à midi, peignées à la hâte, soulevant du même bras leurs formes et leurs provisions; Africains de la rue de la Charbonnière et de la rue de Chartres, cottes bleues des ateliers d'Aubervilliers... Je n'entrerai pas dans Charonne par la rue de Bagnolet, mais par la rue Alexandre-Dumas, pour traverser cette petite place de la Réunion dont le marché fut toujours animé. Il l'est encore, ordonné, surveillé, comme sont aujourd'hui les marchés, odorant et sonore. Déjà, pourtant, ce n'est plus la ville, mais le village par la familiarité et le colloque, et tout le monde se connaît. Je me suis arrêté, car — étourdi, soudain — j'ai perdu le fil de ma route. « Pour Saint-Germain-de-Charonne, il faut bien prendre la rue Vitruve et la rue Saint-Blaise? — Comme vous dites... » C'est une forte femme qui me répond, avec des cheveux plats, en bandeaux bien serrés, la respiration contenue dans un jersey noir, la main aux doigts impérieux soutenant un grand cabas de moleskine. « Comme vous dites... la rue Vitruve et, à gauche, la rue Saint-Blaise et vous êtes à l'église. »

On longe une rue aux façades décrépites, jaunies, qui ne sont pas celles de la misère, comme dans tant de faubourgs, mais celles de la vétusté. Elles furent jeunes et villageoises et on devine le village aux proportions des bâtiments, à la pente de certains toits et aussi à quelques enseignes. Des artisans, de petits ateliers sont tapis au fond des cours ou dans d'étroites impasses. Et voilà, en éminence, la place Saint-Blaise et la petite église dont le clocher au toit ardoisé occupe le centre. Une pendule et son cadran solaire regardent la place. Le bâtiment, de proportions modestes, apparaît raccourci, principalement dans sa partie ouest. La porte d'entrée est dans le flanc sud de l'édifice, à côté de la base du clocher, fort ancienne. De petites baies ogivales sont soutenues par des contreforts sans style. Le portail d'entrée est du XVIIIe siècle, mais l'étage inférieur du clocher et le pilier qui le soutient à l'intérieur de l'église sont du XIIe. On devine qu'au triste gré des incendies, des guerres, des lassitudes du temps, la petite église, comme tant d'églises, a connu des misères qu'il a fallu restaurer. Mais elle est là, toujours église de village, que l'impatience de Paris n'a pas submergée...

On monte une vingtaine dc marches jusqu'à l'entrée. Un plan suspendu au mur, entre les affiches paroissiales, précise l'âge des différentes parties du monument. Sur le troisième pilier, à droite de la nef — le plus ancien — une inscription visiblement rajeunie précise la vocation de l'église :

L'an Mil CCCC et LX, le dimanche devant la Saint-Germain, le XXVIIe jour de juillet fut l'Église de Charonne dédiée par Révérend Père en Dieu, Mons. Guille évesque de Paris...

On y apprend encore que tous ceux qui visiteraient ladite église le dimanche « d'avant la Saint-Germain » recevraient quarante jours de « vray pardon », ce qui est toujours bon à prendre.

Dans une sacristie, étroite comme une soupente, un prêtre est assis. Je m'adresse à lui, pour lui parler de son église, de ses fidèles. Charonne : quarante mille habitants, deux mille paroissiens. Il me donne ces chiffres sans commentaires; toutefois, il ajoute : « Il fut une époque, qui n'est pas si lointaine, où nous ne comptions que huit cents fidèles. » Et il me dit encore : « Voyez le cimetière... le seul de Paris, avec celui du Calvaire de Montmartre, à l'ombre de son église... » Je le sais, je le vois. L'allée monte, assez escarpée. C'est un coteau, et Charonne, comme Belleville et Montmartre, eut ses moulins. Mais voilà les tombes, parmi lesquelles j'avance avec une paisible curiosité. Je monte vers l'extrémité du champ, vers le mur qui le clôt. Une statue de bronze se dresse au-dessus d'une vaste tombe gazonnée : un personnage à tricorne, longue redingote, souliers à boucle, qui d'une main s'appuie sur une canne et dans l'autre tient quelques fleurs. Il semble venir tout droit des *Confessions* de Rousseau, après une promenade à Ermenonville... Mais ce serait plus tard qu'il aurait, selon sa légende, rejoint la célébrité. Nulle inscription ne le nomme. Les années ont détruit la plaque qui, sur le socle de la statue, lui donnait ses titres. Voici ce qu'elle disait :

Icy repose
Bègue dit Magloire
Peintre en Bâtiments
Patriote-Poète
Philosophe et Secrétaire
de Monsieur
de Robespierre
1793.

Le gardien du cimetière m'a rejoint et débite ce qu'il sait, sans vouloir engager sa responsabilité sur ce mort mystérieux : « Il était peintre en bâtiments et après fortune faite, il s'était installé à Charonne où il cultivait des roses... Patriote, il avait voulu servir Robespierre... On le dit. D'autres disent que ce n'est pas cela. » En effet, et des érudits ont prouvé que, vieux célibataire réfugié à Charonne, Bègue était un luron qui appréciait les chansons, le vin et les fleurs. Il mourut à quatre-vingt-scpt ans ayant demandé qu'on couchât une bouteille à son côté et ayant pris ses dispositions d'immortalité : à savoir cette statue qui perpétue son personnage et son mystère. Peu importe qu'il ait ou n'ait pas été le secrétaire de Robespierre : il est toujours là, la canne à la main, dominant ce champ clos, ce cimetière de village dans Paris.

Au-delà de l'église que j'aperçois entre les branches d'arbres, un vaste enchevêtrement de toits rassemble ce qui fut et est encore Charonne, contenu entre Ménilmontant et les frontières aérées du Cours de Vincennes. De ces toits chenus et serrés — Charonne et ses impasses — s'élève, dans le matin frais, un frissonnement de fumée, un halo laborieux, respiration de la ville. Mais mon gardien, quoique aimable, n'est pas l'homme des contemplations. Il me reconduit parmi les tombes. Il en est de neuves et de luisantes, porphyrées, et dont le porphyre luit sous l'éclat froid du ciel. « On dit que celle-là c'est celle de l'écrivain Malraux. » Et il ajoute : « Quand il sera mort, bien sûr ! » Ce brave homme ne veut pas de confusion, ni laisser supposer qu'il anticipe l'avenir. Loin de lui l'idée de prendre Malraux à sa gloire vivante pour en faire un concurrent en immortalité de Bègue, dit Magloire, l'ingénieux ivrogne... Mais il ajoute une fois encore : « Enfin, on le dit !... » C'est un sceptique...

De vieilles pierres sont plus obscures. En voici une fort ancienne qu'un arbre a soulevée et dont il enserre la grille dans son écorce. Une inscription centenaire y dévoile une âme tendre : « Mon amie, pour moi, tu étais tout mon bonheur. Dieu nous a séparés trop tôt! Près de toi, je le retrouverai. Attends-moi! » Le vœu s'est accompli : cet arbre puissant en est le symbole terrestre, mais c'est une tombe sans descendance : « Ça va faire bientôt une « perpétuelle », reprend le gardien... car il n'y a plus personne pour la réclamer... — Que vaut une tombe de cette étendue? — Faut compter une centaine de mille... Le terrain, bien entendu... Et puis la construction et la pierre... Vous en cherchez une? — Non, je n'en cherche pas. J'ai la mienne ailleurs, près de Paris, dans un Chatou qui fut autrefois une campagne mais dont le cimetière est aujourd'hui moins verdoyant que ce clos de Charonne. Il faut rester là où les vôtres vous ont montré la place. » Le gardien s'est tu. On entend de grands roulements au-delà de l'église : la hâte des midi. La brume assez haute dans le ciel s'est réduite et le soleil apparaît. « Ah! voilà le soleil, fait le gardien, vraiment gardien du ciel et de la terre... Avez-vous vu le cadran solaire sur l'église?... »

Je l'ai vu; mais je comprends que le temps est venu d'aller le revoir et que mon compagnon m'y invite sérieusement, quoique avec courtoisie. J'ai suivi la pente parmi les tombes et me voici sur le parvis de l'église. Ce cadran en forme de harpe, les années l'ont malmené et il ne saurait plus indiquer qu'une heure incertaine. D'ailleurs, un vaste cadran à aiguilles le domine et le rend inutile... Midi et dix minutes. Les ateliers se vident. Des camions traversent la petite place Saint-Blaise, en hâte. Dans une rue sans attrait, qui longe le côté Est de l'église, la rue Stendhal (— que fait-il là ? —) des cris d'enfants s'élèvent. Beyle n'aimait pas les gamins de Paris ; il avait tort : ils en sont l'âme indépendante. Ceux-là se répandent sur la place, escaladant le tertre où les Russes de Kortchakov cantonnèrent en 1814. On s'est beaucoup battu dans ces villages de Paris au cours de l'Histoire. Que de fusillades ! Au nord de ce cimetière, sous le mur qui le longe, on retrouvait, naguère encore, les ossements des fédérés, ceux de la Commune, fières victimes de leur révolte et bien vite mises en terre. Paris vit parmi ses souvenirs, les apaise de sa présence fidèle, de sa familiarité. Charonne a conservé sa tradition révolutionnaire et batailleuse. Elle a fait d'un luron un secrétaire de Robespierre qu'il n'avait jamais été ; et Malraux au-delà de la vie, y rejoindra ses premières illusions.

De l'autre côté de la place se trouve la boulangère du village, avec un étalage de gâteaux prestigieux. Le plus modeste des péchés capitaux est à la porte de l'église. La boulangère est une brune aérée, bien en forme, avec des yeux magnifiques. Pourquoi ai-je pensé à Stendhal ? C'est que je voyais à travers la vitre sa triste rue ; c'est aussi à cause des beaux yeux bruns de la pâtissière. Elle m'a conseillé un chausson aux pommes. Il était excellent...

PEUT-ÊTRE pour apprécier Montmartre, pour bien l'aimer, faut-il l'avoir habité, faut-il l'avoir connu dans ses familiarités matinales à l'écart des façades éteintes de ses cabarets, de ses boulevards encombrés. On doit alors y connaître des moments attachants, de ceux qui vous lient, par le cœur, à des pierres, à des habitudes, à des inconnus. Je crois volontiers que mon ami Robert Kemp qui habite boulevard de Clichy y jouit d'un repos provincial. Mais c'est peu de parler de province pour ce qui concerne son pavillon; il faudrait parler de passé, car lorsqu'on le rejoint on a l'impression, cour après cour, escaliers à lampadaires gravis, corridors et jardins traversés, on a l'impression de remonter le temps, comme dans cette cour profonde de la rue Taitbout où Chopin vécut l'extrémité d'un amour.

Montmartre est attachant certainement puisque tant d'amis que je connais, qui y ont vécu leur jeunesse, n'en sont point redescendus. Le plus illustre d'entre eux, Gustave Charpentier, lorsqu'il revint d'Italie, après son grand prix de Rome, s'installa boulevard Rochechouart. Ce devait être vers 1890. Il y était encore soixante ans plus tard. Longue fidélité où il a rencontré son talent, l'inspiration d'un chef-d'œuvre, et les secrets d'une jeunesse sans fin. Un filet d'eau de Jouvence court peut-être dans les ruisseaux montmartrois.

Mon tort est sans doute d'avoir abordé Montmartre comme un étranger et comme tant de Parisiens : la nuit. Or, Montmartre la nuit, c'est un décor, une pièce dont les tableaux ne changent guère depuis tant de soirs qu'on les répète. Ce Montmartre-là, je ne saurais faire le compte des nuits que j'y ai passées, non qu'elles aient été très nombreuses mais elles se ressemblèrent trop pour avoir gardé leur unité dans un souvenir.

J'ai surtout vécu à Montparnasse, dans ma jeunesse. Il me reste des découvertes à accomplir à Montmartre. Mais si je ne suis jamais allé chez Frédé, du moins souvent ai-je été dîner dans le restaurant de la petite place du Calvaire, plus à l'abri que la place du Tertre, laquelle, à l'époque, n'offrait pas à dîner sous ses acacias. La place du Calvaire, quoique privée, n'était pas close comme elle l'est aujourd'hui. L'étrange maison qui la borde, et regarde Paris, et que nous appelions, je n'ai jamais su pourquoi, le château de Jeanne la Folle, était habitée par le peintre Maurice Neumont qui y avait succédé à l'acteur Dorival. Les tables du restaurant débordaient sur la place, où les soirs de printemps et d'été nous dînions de plats italiens comme en une *trattoria* vénitienne. L'endroit offrait l'agrément d'une place, sans voitures et sans trottoirs, telle qu'il en est à Venise et dans quelques villes d'Italie. Point de bruits de roues, une surface plane où glisse de temps en temps un personnage muet, où passe une chanson ; la place est prête pour le théâtre et la comédie peut commencer.

Parfois, un couple s'arrêtait sous nos yeux, au faîte de l'escalier qui descend en pente accentuée sur la rue Gabrielle. Que d'amoureux appuyés au garde-fou, du haut de cet étroit belvédère, ont contemplé Paris ! Ils écrivaient déjà leur nom sur le mur avoisinant, griffé aujourd'hui, par centaines, de signes et d'initiales qui se recouvrent les uns les autres. Combien d'unions dénouées dans ces noms accouplés, combien même de cœurs ont cessé de battre qui ne sont pas tout à fait effacés dans la pierre qu'ils illustraient de leur serment.

En quittant notre *trattoria*, nous nous arrêtions parfois place du Tertre ou chez une aubergiste de la rue Norvins, accueillante à toute l'équipe, écrivains et peintres, qui aura fait la célébrité de Montmartre et, par là même, compromis son charme et son originalité. La place du Tertre avait encore sa saveur de village, de vieux rendez-vous religieux et révolutionnaires. L'arbre de la Liberté, planté en 1848 dans ce sol abbatial était mort depuis longtemps, mais son ombre se prolongeait en liberté joyeuse sur la place, si souvent évoquéc par les artistes qui l'aimaient. Aujourd'hui, ce Montmartre antique est couvert de tables de bistrots, de parasols, de cabarets à orchestre, de bonimenteurs, et l'on y vend, nuit et jour, de mauvaises peintures, des cartes postales et des bijoux souvenirs. Devant la grille de l'église Saint-Pierre endormie, des voitures s'alignent et d'autres tournent, quêtant une place, avançant au tour de roue parmi une foule de fête foraine, de bal public et d'étrangers en grappes. La tradition et la légende y sont effrontément exploitées, sans avoir même gardé cet agrément de naïveté et d'impudence qu'ont les chanteurs napolitains de Santa Lucia à l'ombre du Castel del Uovo.

Et pourtant, parfois encore j'y retourne. Je me délivre de tout ce qui fut écrit, de tout ce que je sais, des refrains de la rue Saint-Vincent, de l'épopée du « Bateau-Lavoir », des Moulins et des Sacré-Cœur, peints et repeints cent fois par Utrillo, de la guinguette une fois immortalisée par Van Gogh, et je vais respirer Paris, du haut de la Butte. Il y a toujours des couples appuyés au pied du Sacré-Cœur, à la rampe du square Saint-Pierre pour regarder la ville. Non point en conquérants ambitieux, mais plus unis et rassurés d'être deux devant cette immensité. Il y a un romantisme de Montmartre qui demeure intact, parce que les sources de son inspiration sont éternelles. Éternelles autant qu'une ville, qu'une colline peuvent l'être, éternelles comme l'émoi des cœurs sur un tertre qui domine le monde.

ICI les parcs et les jardins ont souffert. Nous les avons vus peu à peu disparaître et céder leur étendue à ces hautes bâtisses, « maisons modernes », témoignage monotone d'un communisme riche, où il devient de plus en plus malaisé d'être « différent ». Dans un roman plaintif, *Souvenirs du jardin détruit*, René Boylesve a promené une âme mélancolique dans ce Passy où il avait souhaité abriter son talent et son élégance. Pauvre Boylesve qui, des îles Borromées à la rue des Vignes voulut fixer la distinction et la chronique de son temps! Il avait cru y réussir. L'aisance matérielle et la réussite académique contribuèrent à cette illusion que l'apparition de Proust dissipa cruellement. Boylesve avait trop de goût pour ne pas comprendre que *Le Temps perdu* était l'œuvre qu'il aurait dû écrire, s'il en avait eu le génie, et que ne l'ayant pas écrite, ce qu'il avait écrit ne comptait plus, sauf, çà et là, par un sourire de la grâce. Je le rencontrais, à la fin de sa vie, douloureux et clairvoyant. L'espace autour de lui, morcelé, ravagé, étouffé et devenu turbulent, n'accompagnait plus ni sa rêverie ni sa douleur. Il mourut tristement. Aujourd'hui, il a rejoint Proust dans un de ces jardins détruits. L'avenue Marcel-Proust unit en effet l'avenue René-Boylesve à la rue Berton, c'est-à-dire à Balzac. La postérité municipale ne lui aura pas été ingrate.

Parodions un mot célèbre : « Les années seraient supportables sans les souvenirs. » Que d'ombres dès que je prends à présent un rendez-vous avec Paris ! En suivant le quai de Passy, le charmant Henri Duvernois me hèle au passage. Qu'il travailla ! Pour le plaisir d'inviter des amis, de les recevoir dans ce vaste appartement, un peu moins bruyant alors qu'il ne doit l'être aujourd'hui, et où il imaginait les contes fins et tendres qui firent sa réputation, et ces pièces qui continrent, en un acte, plus d'un caractère et plus d'une moralité de la vie.

Parisien, homme de théâtre, Duvernois se couchait tard, se levait tôt, et après avoir pris dans une armoire de Coromandel, l'un des carnets où il notait des « idées », et du papier (qu'il achetait aux Halles, rue du Jour, comme nous tous), il s'asseyait à son bureau, se réveillait en regardant le fleuve, et commençait d'écrire. Ainsi, le cher Jouvet, en usait-il de même, un peu plus loin, sur le quai Louis-Blériot. Rentré à deux heures du matin avec *Till*, son grand chien noir, ayant écrit longtemps avant de se coucher, il se faisait réveiller à huit heures par Maria, sa servante vénitienne. « Dix minutes, lui disait-il... laisse-moi dormir encore dix minutes... Mais réveille-moi, hein, réveille-moi ! » lui lançait-il d'une voix qui au petit matin jaillissait des ténèbres. A quoi bon ce courage, cette hâte laborieuse? Pour tomber sur sa table, la main sur un conte inachevé? Pour être cloué sur la scène où l'on a connu toutes les affres et les ivresses du succès, allongé comme le chevalier d'Ondine et pour toujours silencieux? Ah, que je les aurais préférés paresseux et cette page terminée, pouvoir aller encore ce soir, retrouver Duvernois quai de Passy et mon ami Jouvet, rue Caumartin.

MAIS quoi, on ne change pas les hommes : autant eut-il valu demander à Balzac de suspendre son écrasant labeur dans sa maison de la rue Basse. Il y était entré après son séjour aux Jardies : ce pavillon élevé sur le vieux chemin en falaise qui reliait Chaillot à Boulogne l'avait séduit. Deux entrées, l'une rue Basse, l'autre rue du Roc où l'on accédait après avoir descendu deux fois deux étages et traversé un jardin et un jardinet. Voilà ce qu'il lui fallait pour recevoir Vautrin (Vidocq y vint en effet) et fuir les importuns. Balzac se souvenait de ce printemps de 1836, où il avait été enfermé huit jours à l'hôtel Barancourt, la prison pour dettes : « Ma lettre a été interrompue par l'arrivée d'un commissaire de police et de deux agents qui m'ont arrêté et conduit à la prison de la Garde nationale, où je suis en ce moment et où je continue paisiblement ma lettre », écrivait-il à Mme Hanska. Et il ajoutait : « C'est là que je vais achever *Le Lys dans la vallée.* Il voulait désormais pouvoir écrire sans être harcelé : les Jardies furent la première étape de cette espérance, tôt déçue. Les créanciers le rejoignirent à Sèvres comme à Paris et, après dix-huit mois de séjour à la campagne, il découvrit ce pavillon de la rue Basse et il y entra à la fin de l'automne 1840 : « A partir du moment où vous recevrez cette lettre, écrivez-moi à l'adresse suivante : Monsieur de Breugnol, rue Basse, 19, à Passy, près Paris; je suis caché pour quelque temps... » Lettre écrite le 16 novembre à sa chère Polonaise...

Ce quelque temps dura sept ans. Sept ans d'inquiétudes, d'espérances, d'un travail surhumain. Sept ans de chefs-d'œuvre : *Ursule Mirouet, La Rabouilleuse, Splendeurs et misères des courtisanes, Béatrix, la Cousine Bette, Le Cousin Pons, Le Député d'Arcis* et dix autres romans. Comment ne pas y penser quand je retourne rue Berton? La rue est sans mystère, quoique délicieusement intacte : sans mystère, parce qu'elle est devenue une carte postale du Paris pittoresque, un endroit vu et revu, une ruelle où se sont rencontrés tous les amis du vieux Paris, tous les amis du vieux Passy, toutes les sociétés de promenades dominicales, tous les balzaciens, tous les nervaliens, tous les étrangers qui veulent connaître de Paris un peu plus que Notre-Dame et la place de la Concorde. Ils ont médité devant la plaque de marbre qui leur signalait — à leurs pieds — « la borne posée en 1731 pour indiquer la limite des seigneuries d'Auteuil et de Passy ». Ils ont entrevu les deux fenêtres du pavillon derrière lequel Balzac a travaillé, travaillé, écrit durant des nuits entières, pour mener à leur fin ces deux grands rêves : la *Comédie humaine* et son mariage avec Mme Hanska. Combien de fois, après des journées harassantes, a-t-il passé cette porte qu'avait avant lui franchie, de son pas de soubrette spirituelle, Louise Contat, la Suzanne du *Mariage de Figaro?* On peut croire que Beaumarchais vint dans le chalet de la rue Basse, dès lors que Louise Contat l'habitait, car il la trouvait charmante et Figaro savait donner de l'expression à ses sentiments. Balzac, y pensa-t-il? On l'ignore. Beaumarchais était mort depuis trois jours quand Balzac naissait au mois de mai 1799. L'un suivit l'autre et croisa son souvenir, ce qui n'assure pas qu'il l'ait évoqué.

En revanche, il pensa à la princesse de Lamballe dont la belle demeure s'élevait en contrebas de la rue Berton, ci-devant du Roc, et dont il apercevait les frondaisons magnifiques. On les voit encore, du moins ce qu'il en reste après le morcellement de la propriété. Cheminant dans cette ruelle parisienne, on marche entre des murs anciens, que festonnent au printemps le lierre et les clématites. On est étroitement escorté de souvenirs, de part et d'autre du chemin : la princesse de Lamballe et Louise Contat, Nerval et Balzac, comme on l'est quand on descend le canal de Suez par

La langoureuse Asie et la brûlante Afrique,

allongées à l'infini sur chacune des rives de ce mince fil d'eau.

Il n'est que trop d'ombres rue Berton. La propriété qui fut celle de la princesse de Lamballe, avait, avant elle, appartenu à d'illustres seigneurs, le duc de Lauzun et le duc de Chevreuse. Après la princesse infortunée, qui la quitta en septembre 1792, pour être conduite à La Force, l'hôtel revint à sa famille. Une location le transforma en parc d'amusements (ce fut aussi, vers la même époque, le sort de l'Élysée) ; et, Franconi y ayant échoué, la propriété passa entre les mains d'un banquier jusqu'en 1845. Elle était alors à vendre : Balzac espéra l'acquérir pour y loger somptueusement sa belle Polonaise, mais le prix en était trop élevé et ce fut le docteur Esprit Blanche qui y installa une maison de santé. Son fils, le docteur Émile Blanche, père du peintre Jacques-Émile Blanche, qui fut notre ami, y recueillit deux fois Gérard de Nerval à l'heure des « chimères » et il y soigna Maupassant jusqu'à son dernier jour. Quel concile nocturne sous les lanternes de cette sente, si les âmes errantes s'accordent des rendez-vous en ce monde !

ME voici au terme de ceux que j'ai pris, durant un printemps avec Paris, un Paris moins prévu que celui de mes démarches quotidiennes. Qu'y ai-je trouvé ? Ce que je souhaitais : une connaissance plus minutieuse de certains paysages de ma ville, de ses mœurs, de ses souvenirs. J'y ai pu nouer, entre le présent et le passé, ces liens grâce auxquels j'eus parfois l'illusion de retenir la hâte du temps. Mais est-ce illusion, et ne maintient-on pas quelquefois, par la ferveur, au-dessus de l'oubli, ce qui méritait d'être sauvé ?

1955.

HOMMAGE A UNE AVENUE

COMBIEN de fois, déjà, ai-je abordé aux Champs-Élysées, ai-je monté leur pente sur la rive droite de l'Avenue, qui, de tous temps, fut jusqu'au Rond-Point la rive élue des Parisiens, combien de fois m'y arrêtant un moment, debout, ai-je contemplé à la fin d'un jour leur mouvement étincelant? Pourtant, je n'ai pas été un enfant des Champs-Élysées. C'est la génération précédente, celle pour qui le VIIIe arrondissement, les boulevards d'Haussmann, le faubourg Saint-Honoré et ses rues voisines furent des résidences familiales, qui grandit aux Champs-Élysées et put, comme le jeune Marcel Proust, y engranger des souvenirs. Je n'y ai pas rencontré de Gilberte, ni entendu se mêler son nom aux parfums de l'été. Je n'ai pas cavalcadé sous les festons verts du manège, ni pris ma part d'aucun des plaisirs installés sur cette promenade dès qu'elle fut créée. Les générations parisiennes se partagent les provinces de Paris, qu'elles n'oublient plus et qui les différencient : jeunesses des Champs-Élysées, du parc Monceau, des Tuileries, de Montsouris, des Buttes-Chaumont, jeunesse, plus récente, du

Champ-de-Mars. J'appartiens aux enfants du Luxembourg qui auront grandi entre les marbres de Verlaine, de Sainte-Beuve et de Watteau, avant d'aller s'asseoir, étudiants, à l'ombre des reines de France ou sous les ombrages de la fontaine Médicis...

Je ne retrouve donc nulle habitude d'enfance aux Champs-Élysées, mais les souvenirs d'une vie, comme le peuple français y rejoint le cours de son histoire. Par cette voie souveraine, s'est avancé plus d'une fois le destin de la nation; et bien qu'il ne demeure pas toujours inscrit dans nos mémoires, c'est sans doute à cause de ce passé ininterrompu que les Champs-Élysées gardent un merveilleux prestige. Certes, ils ont pour eux d'être une voie droite et large, promenade de verdure avant de devenir une avenue bordée de maisons inégales. L'architecture privée aux Champs-Élysées s'est soumise à la variation des mœurs. Mal guidée, mal protégée, elle est aujourd'hui composite et sans harmonie véritable. Mais voilà bien le miracle : on ne la voit pas, et l'on ne pense guère à la voir. Le regard qui de la place de la Concorde découvre ou retrouve les Champs-Élysées, les contemple dans leur étendue. Il aperçoit ce vaste mouvement qui entre deux voies d'arbres, puis entre deux rives de pierres, descend et monte vers cet arc triomphal que saluent chaque soir les dernières lueurs du couchant. C'est dans cette avenue, sans repos, que se peut admirer, le plus longtemps, à l'heure du crépuscule, la lumière du jour.

LE film, le journalisme, l'anecdote, l'illustration, la petite histoire ont rendu plus ou moins familière l'aventure de cette grande avenue. Souvent, je l'ai rejointe, par bribes, en évocations intimes, au pas d'une flânerie, qui désertait le présent pour remonter vers ce qui n'était plus. Ce dont j'avais été le témoin dans le passé se mêlait à ce qu'il ne m'avait pas été possible de connaître. En un demi-siècle, j'ai vu les Champs-Élysées recevoir le flux mélangé de Paris. Luxueux d'abord : la mode y prit ses quartiers; un théâtre y ouvrit ses portes, un éditeur entreprenant y installa ses magazines où triomphaient le sport naissant et l'éternel féminin : *La Vie au grand air*, *Fémina*. L'automobile y exposa ses premières sirènes. L'heure n'était pas encore venue pour le cinéma d'y afficher ses calicots, toiles peintes où les vedettes montrent leur visage de légende. Les automobiles demeuraient dans les vitrines et n'étaient pas montées sur les trottoirs. A la terrasse du café, longtemps le seul qui permit de regarder assis cette rive enivrante, j'ai vu passer Paris, celui des printemps de Longchamp, et celui, plus rare, des vacances, avec les maris disponibles, et les voitures impatientes prêtes à toutes les évasions. Le cinéma commençait d'y donner ses premiers rendez-vous; j'y ai vu naître quelques futures étoiles, qu'on nommerait aujourd'hui *starlets;* j'y ai vu le succès prendre l'attrait d'un beau visage : Marlène Dietrich venant respirer Paris. *L'Ange bleu* n'était pas loin où nous avions dans la petite salle des *Ursulines* subi la séduction d'une complainte et de deux jambes gainées de soie. L'artiste était simple, elle était vraiment une femme, moins attentive et moins soumise aux recettes bruyantes du succès que ne le sont celles qui s'en partagent à présent les prestiges.

Que choisir entre ce que j'ai vu aux Champs-Élysées, que choisir entre ce qu'on y aura vu depuis qu'ils existent? Je ne me sens pas une âme historienne, ni le talent de conter l'Histoire. Pourtant, je veux essayer : comme un hommage à ce rendez-vous qui m'est presque quotidien.

On sait que Paris est traversé par deux voies qui s'entrecroisent et se coupent en un point crucial où s'élève la tour Saint-Jacques. Une route qui venue du Nord, des plaines des Flandres et de l'Allemagne descend vers Paris, qu'elle atteint par la plaine Saint-Denis. Rue Saint-Martin, rue Saint-Denis voilà les ancêtres, assises sur des charniers, marquées du pas des rois et des hommes, des courses diurnes et nocturnes, des pèlerinages toujours recommencés; et dans la direction d'est en ouest une route mouvante : le fleuve. Il n'était pas de chemin de terre parallèle au fleuve qui connût la même intensité que la rue Saint-Martin et son prolongement, la rue Saint-Jacques. C'est la Seine qui, longtemps, porta l'animation du négoce dans les deux directions de l'est et dè l'ouest parisien. Le vieux faubourg Saint-Antoine et la rue Saint-Antoine se perdaient dans le Marais et la rue Saint-Honoré, avant que la rue de Rivoli n'en prolongeât la portée. Le faubourg Saint-Honoré — le chemin du Roule — ne suivait la rive que de loin et ne dut sa physionomie et son éclat qu'au XVIIIe siècle lorsque l'aristocratie y éleva les hôtels qu'on y voit encore. L'un d'eux, celui du comte d'Évreux, bâti par orgueil afin d'y pouvoir accueillir le Régent, après avoir appartenu à la finance avec Beaujon, à la galanterie la mieux douée avec la marquise de Pompadour, après avoir abrité de grandes espérances : le roi de Rome; des adieux : l'abdication de Napoléon et un coup d'État : le Deux Décembre, est devenu la demeure officielle de la République : l'Élysée. Les hôtels riverains des Champs-Élysées s'ouvraient sur le faubourg et n'avaient, comme aujourd'hui, que des portes de jardin sur ces Champs-Élysées, qui n'étaient encore qu'une promenade. A la vérité, ils l'étaient depuis longtemps, rendez-vous presque populaire, alors que le rendez-vous élégant se situait le long du fleuve, sur cette rive marécageuse où seul un étroit sentier, celui qu'aimait emprunter Ronsard pour se rendre à la colline de Chaillot, permettait de se promener près du fleuve et sous des ombrages, avant de devenir le *corso* d'une reine. Marie de Médicis l'avait conçu en souvenir de sa jeunesse florentine, promenade bientôt achalandée qui s'étendait de l'orée des Tuileries jusqu'à la Savonnerie, où s'élèvent aujourd'hui les marbres fragiles du musée d'Art moderne. Pendant deux siècles, cette allée d'ormes fut le rendez-vous de la vie élégante, de la préciosité et du luxe, ce que furent au XIXe siècle le *Prater* à Vienne et le *Prado* à Madrid.

Comment se présentaient alors les Champs-Élysées? Un bois de jeunes ormes qui servait de dépôt à des blocs de pierre amenés par le fleuve jusqu'à Paris. La place de la Concorde était un espace champêtre où l'on trouvait des jeux de boules, des potagers, d'humbles cahutes, des écuries... On songea à lui donner les proportions qu'on lui voit aujourd'hui, vers 1750, pour y dresser une statue équestre de Louis XV par Bouchardon, don des échevins de Paris. En 1772, la place était achevée, vaste octogone ceinturé d'un fossé de parade, en pans coupés. Quatre statues de Pigalle symbolisèrent les vertus du roi, la Force, la Justice, la Prudence et la Paix. L'effigie royale avait été inaugurée en 1765. Vingt-sept ans suffirent pour que le peuple de Paris ait perdu le souvenir du Bien-Aimé, au point de renverser et de briser sa statue. En revanche, deux ans plus tard, en 1794, David, le peintre, homme de goût et directeur des Beaux-Arts proposait de transférer les chevaux de Guillaume Coustou, qui ornaient l'abreuvoir de Marly, de chaque côté de la « Grande avenue des Champs-Élysées », ouvrant ainsi par deux groupes d'une sculpture animée — ces « marbres hennissants », a dit Hugo — la voie que Paris, l'histoire et l'art des hommes ennoblissent sans cesse.

Gabriel, l'architecte, avait à l'origine fixé les proportions de la place : il la ferma au nord par deux vastes hôtels qui offrent toujours à notre admiration leurs merveilleux équilibres et leurs colonnades jumelles. Ces deux palais avaient été destinés au logement des ambassadeurs : un garde-meuble remplaça, dans le palais situé à l'est de la rue Royale, les ambassadeurs absents et qui trouvèrent d'ailleurs à diverses reprises, quand il s'en présenta, à se loger à l'Élysée. Mais ce nom d'ambassadeurs demeura sous les ombrages voisins : un café-concert, un théâtre, un restaurant le recueillirent à l'orée des Champs-Élysées. La place ainsi construite changerait moins de proportions qu'elle ne changea de titre avant de célébrer la concorde entre le double horizon d'une église et d'un parlement. Elle allait être un des rendez-vous les plus passants de Paris, celui où la rive gauche, se déversant sur la rive droite, y rencontrerait les routes brillantes du luxe et du plaisir. Les Tuileries trouvèrent leur limite naturelle avec cette place d'où s'élançait pour la conquête d'une colline et d'une étoile la plus célèbre avenue de notre capitale.

QUE *de larges avenues terminées par des arcs de Triomphe annoncent majestueusement l'entrée de la ville!... Qu'ici on aperçoive une étoile... De ce côté des routes en épi, de l'autre des routes en éventail.* Ah! que j'aime ce texte emprunté à une ordonnance du XVIIe siècle et qu'il définit bien le vœu qui présida à la naissance des Champs-Élysées! Un décret, le 24 août 1667, régla les plantations de l'avenue, ormes en quinconce disposés sur les bas côtés. Colbert qui avait vu les choses grandement précisa ses espérances : que la voie nouvelle escaladant la colline de Chaillot se poursuivit en ligne droite, enjambant le fleuve jusqu'au château de Saint-Germain. Cette voie, ainsi conçue, serait digne de la capitale et ferait oublier aux Parisiens qu'un roi leur avait préféré les perspectives de Versailles. Dans cette conception primitive, les Champs-Élysées constituent une voie de noblesse, un parti pris de grandeur et nullement une utilité. Louis XV, heureux créateur de beautés pour Paris, recueillit cet héritage et veilla à ce qu'il fût aménagé selon les plans qui avaient présidé à sa conception. Louis XVI n'agit pas autrement et, en 1777, au château de Fontainebleau, signa l'édit qui réglementait toute construction « jusqu'à cent vingt toises du centre de l'Étoile et soixante toises de côté et d'autre de la dite Étoile » afin « qu'il ne puisse être élevé par quelque personne, de quelque qualité et condition que ce soit, aucune maison, clôture ou construction quelconque que d'après la permission expresse du directeur et ordonnateur général des bâtiments du roi ».

Les soins que la royauté consacrait à cette promenade se poursuivirent quand la royauté fut abattue. La famille royale, retour de Varenne, descendit, le 25 juin 1791, cette voie à laquelle le roi avait donné ses attentions. Ainsi, la royauté prisonnière inaugurait cette longue suite de défilés où l'Histoire passait par les Champs-Élysées. La Révolution y déploya quelques-unes de ses fêtes ou de ses protestations et Napoléon résolut d'y installer sa gloire. Sa gloire et celle de ses soldats. Après avoir hésité à faire élever un arc triomphal à la Bastille, Fontaine, qui fut avec Percier, l'architecte et le décorateur de l'Empire, convainquit l'empereur de choisir la colline de Chaillot. L'arc de Constantin élevé au Carrousel ne correspondait pas tout à fait à ses vœux de grandeur : il souhaitait un monument plus ample, plus altier où pussent être gravés sur des tables de bronze les noms des vaillants, morts à Austerlitz et à Iéna. Le 9 mai 1806, l'empereur décide : « Après toutes les difficultés qu'il y a à placer l'Arc de triomphe sur la place de la Bastille, je consens qu'il soit placé du côté de la grille de Chaillot, à l'Étoile, sauf à remplacer l'Arc de triomphe sur la place de la Concorde. » La fontaine de la Bastille ne fut qu'un éléphant de plâtre, placé sur un piédestal où s'élève aujourd'hui la colonne de bronze dédiée à la liberté et aux combattants de 1830 et de 1848 qui crurent mourir pour elle.

Raymond et Chalgrin établirent les plans du monument et le 15 août 1806, on en posa la première pierre. C'était le jour anniversaire de la naissance de l'empereur : le soir, il parut au balcon des Tuileries et il fut acclamé. Les lauriers d'Austerlitz auréolaient sa gloire.

La construction, tout de suite, présenta des difficultés. La colline de Chaillot n'était pas de roc : on dut la creuser profondément pour établir des assises capables de soutenir l'arc immense. Les travaux avancèrent lentement et la gloire s'éleva, pierre à pierre, quand déjà le sort en changeait le cours. Lorsque au lendemain de son mariage, le 2 avril 1810, par un soleil éblouissant, Marie-

Louise, archiduchesse d'Autriche, devenue impératrice des Français, fit son entrée dans Paris, elle ne passa que sous un simulacre : l'arc était bien dans ses proportions ce qu'il deviendrait un jour, mais ce n'était qu'une façade de toile peinte recouvrant une architecture de bois. En 1814, tandis que s'épuisait la fortune qu'il devait célébrer, il était haut seulement de cinq ou six mètres au-dessus du sol.

La royauté restaurée hérita de ces fondations glorieuses. Les interrompre tout à fait eût paru au peuple de Paris une injure à sa gloire, à un passé dont il gardait la nostalgie et révérait la grandeur. En 1825, des ouvriers reparurent sur la colline de Chaillot; mais il fallut la sagesse libérale de Louis-Philippe pour presser l'exécution du monument qui fut achevé en 1836; et cet achèvement marqua un retour de la ferveur populaire pour le vainqueur de l'Europe. Ceux qui avaient été ses soldats se pressèrent aux abords de l'Étoile et crièrent « Vive l'Empereur » sans être inquiétés. Les survivants n'étaient plus si nombreux quatre ans plus tard, le 15 décembre, pour assister au retour du « cercueil exilé » comme l'écrirait Victor Hugo dans ses *Choses vues*. Seize chevaux étaient attelés au char funéraire doré que précédaient cinq cents marins de *La Belle Poule* et quatre-vingt-six sous-officiers légionnaires portant les bannières des quatre-vingt-six départements. Précédant le cortège, marchait un cheval blanc conduit par deux valets de pied en livrée verte et portant sur son dos une selle de velours, la selle de Bonaparte à Marengo. La foule crut reconnaître dans ce cheval blanc voilé de crêpe violet le cheval de bataille de l'empereur. Illusion des foules! Ce ne pouvait être après trente-cinq ans le cheval d'Iéna ou d'Austerlitz... Les chevaux blancs ou gris qui ont défilé aux Champs-Élysées, dans quelques circonstances mémorables, appartenaient tous, au début du XIXe siècle, à l'Écurie Franconi. C'est ainsi qu'un certain gris pommelé, nommé Le Noble, servit tour à tour à l'entrée du comte d'Artois, puis à celle des ducs de Berry et d'Angoulême. Le 20 mars 1814, Le Noble porta Napoléon, lors de son retour triomphal aux flambeaux. Cent jours passèrent, les flambeaux furent renversés et le même Le Noble ramena dans les Champs-Élysées, d'un pas également fier, les princes de la branche aînée. Ce cheval connaissait bien son métier d'apparat et ne se souciait pas des régimes qu'il servait.

Victor Hugo, qui saluait le retour des cendres de l'empereur, devait, quarante-cinq ans plus tard, reposer sous l'arche triomphale, au dernier soir de sa présence terrestre le 31 mai 1885. Tout Paris, cette nuit-là, le Paris des *Misérables* et le Paris bourgeois, le Paris de la jeunesse et celui des souvenirs, veilla sur le sommeil d'un poète. Combien de fois, depuis lors, ne s'est-il réuni autour de cet arc et n'a-t-il pas servi de témoin à l'Histoire en marche. Le 14 juillet 1919, les armes victorieuses de la France, accompagnées des armées alliées, défilèrent entre *Le Départ*, de Rude et *Le Triomphe*, de Cortot. Moins d'un an plus tard, à la date anniversaire où l'Allemagne vaincue abaissa ses armes, le 11 novembre 1920, un soldat inconnu désigné parmi les morts de Verdun, par un survivant de cette bataille fut placé sous une dalle sur laquelle on lit ces mots qui résument tant de courage, d'opiniâtreté, de sacrifices : *Ici repose un soldat français mort pour la patrie 1914-1918.* Les maréchaux de cette victoire, Foch, en 1929, Joffre, en 1931, reposèrent aussi près de cette dalle, suprême lit de camp, aux premières heures de leur mort.

Comment cet arc triomphal, devenu avec les années l'autel de la patrie n'eût-il pas aux temps de la contrainte maintenu dans les esprits d'ardentes et silencieuses espérances. L'un des groupes qui s'appuient aux piles géantes, symbolise la Résistance. Que de Français, que de Parisiens qui l'ignoraient ou l'avaient méconnu en prolongèrent alors le symbole dans des actes et dans leur cœur? Il était juste qu'au lendemain de la libération de Paris, le 26 août 1944, celui qui n'en avait jamais douté, le général de Gaulle, vint se recueillir devant le soldat de 1914 et qu'il descendit à pied cette avenue triomphale, suivi par les blindés du général Leclerc. Pourtant, la guerre n'était pas achevée : elle le fut moins d'un an plus tard et le 18 juin 1945, l'armée française qui s'était battue en Italie, en Allemagne, en France, donna une réplique vivante à cette frise de l'arc où le retour de l'armée est sculpté dans la pierre, en figures magistrales.

Voilà ce que le temps et l'histoire ont fait de

ce monument en moins d'un siècle. Conçu pour la gloire d'un empereur, il est à présent le temple sacré où chaque soir se ranime la flamme du souvenir.

L'Arc de triomphe, projet d'un empereur, achevé par deux royautés, sanctifié par l'Histoire, forme un horizon immuable aux Champs-Élysées. L'avenue elle-même est une création plus tardive, que la variation des mœurs et la pression de la vie ont modelée peu à peu, en en changeant le caractère. A l'origine, dans la conception de Le Nôtre, lorsque ce grand paysagiste eut achevé les Tuileries, ce qui est aujourd'hui les Champs-Élysées devait être une voie droite, enjambant le grand égout, escaladant la colline de Chaillot et poursuivant son élan en ligne droite en direction de Saint-Germain. Voie royale, plaisir des yeux, promenade d'agrément dont Napoléon conçut le premier qu'elle pourrait être, qu'elle devait être également une voie d'accès et de départ, une vaste route qui d'est en ouest doublerait le fleuve. La rue de Rivoli, autre création de l'empereur et de Percier et Fontaine, terminée sous le Second Empire, achevait la voie de terre parallèle à la Seine, eaux trop lentes au gré d'un chef qui songeait toujours aux mouvements nécessaires à ses grands desseins. Mais c'est seulement sous le

Second Empire que les Champs-Élysées devinrent une avenue résidentielle.

A l'origine que trouve-t-on dans cet espace où Paris aujourd'hui ne cesse de défiler? Des broussailles, des cultures maraîchères, quelques cahutes, des dépôts de pierres. Le premier ordre qu'on y introduit est de planter une double rangée d'ormes, aînés des marronniers qu'on y voit de nos jours. C'est le Grand Cours, où l'allée du Roule, champ de boue ou de poussière, au dire des contemporains. Ces inconvénients s'aplanirent; et l'un de ceux qui prendront le plus de décisions heureuses pour les réduire sera le marquis de Marigny, le frère de la marquise de Pompadour. La marquise avait acquis en 1753, faubourg Saint-Honoré, un de ces beaux hôtels que le XVIIIe siècle y éleva, l'Hôtel d'Évreux que le comte d'Évreux avait fait construire pour y recevoir le Régent. Quelle femme de goût que la marquise et les Goncourt ont été bien avisés de lui rendre hommage! Elle embellit la demeure, y accrocha des peintures de Boucher et de Van Loo, étendit son parc et y disposa un potager. De sa chambre, située au rez-de-chaussée dans le Salon de l'Hémicycle qui fut la chambre de parade de Napoléon et où, sous M. Vincent Auriol, se tenaient les conseils des ministres, la marquise de Pompadour contemplait par la percée, qu'elle avait pris soin de faire élargir, à travers les verdures de l'Avenue, l'admirable horizon des Invalides et de son dôme prestigieux. La Pompadour avait confié à son frère, esprit ingénieux et homme de goût, le soin d'ordonner lcs alentours de l'Hôtel d'Évreux. Il prit sur le parc en 1767 l'espace d'une avenue qui conduisait de l'emplacement de l'hôtel Beauvau à l'allée du Roule. Ce fut lui encore qui ordonna le nivellement de la butte de Chaillot et commença le prolongement de l'Avenue vers le fleuve, c'est-à-dire jusqu'au pont de Neuilly, obéissant, en cela, au plan primitif et à la conception de Le Nôtre.

Dès cette époque, les Champs-Élysées avaient été adoptés comme promenade et comme lieu de divertissement. Ils le demeurèrent longtemps. A vrai dire, ils n'ont pas cessé de l'être. Dès leur seuil, on y trouvait ce Café des Ambassadeurs, complément de l'hôtel conçu par Gabriel pour accueillir la diplomatie, qui devint l'hôtel Crillon et l'un des joyaux de la place de la Concorde. Le Café des Ambassadeurs a gardé son nom lorsqu'il fut devenu un café chantant; et il l'a donné au théâtre qui l'avoisine. Du Café au Rond-Point, se succédaient de menus plaisirs : on y buvait, on y dégustait des glaces, on y jouait aux boules, on y riait beaucoup sous les verdures où tournent aujourd'hui comme hier les chevaux de bois d'un manège, où des chèvres résignées ont fait accomplir à des générations de Parisiens leurs premières promenades en voiture, ou des marchands de

« plaisir » ont trimbalé assidûment leur boîte à surprises.

Longtemps, le Grand Cours s'arrêta au Rond-Point dont Le Nôtre avait lui-même dessiné les proportions. On avait pensé décorer son centre d'une statue (la Convention voulut y placer l'effigie de Jean-Jacques Rousseau). Ce fut une fontaine qui l'occupa jusqu'au milieu du XIXe siècle. L'Avenue s'étant animée, la fontaine gênant la circulation, on l'abolit. Des plots et des clous en perpétuent, sans qu'on l'ait voulu, l'emplacement idéal.

Au-delà du Rond-Point, le XVIIIe siècle, durant dix ans entre 1770 et 1780 donna de nombreux rendez-vous à son plaisir, en un vaste établissement qui a laissé son nom à la rue du Colisée. Pourquoi ce nom ? Parce que son créateur s'était inspiré, paraît-il, pour le construire, de l'amphithéâtre romain. On y rencontrait de beaux jardins, des salles couvertes pour danser, un restaurant de qualité, des pelouses fleuries et beaucoup de boutiques où la gourmandise et la frivolité trouvaient à se satisfaire. Un grand orchestre, l'été, de quatre heures de l'après-midi à dix heures du soir, animait ce parc où l'on pénétrait pour trente sols, sauf le jeudi où il en coûtait trois livres. Quelle en était la clientèle ? Diverse. Des comédiennes et de petites bourgeoises, des nobles et des roturiers. La reine de France y vint un soir en compagnie du comte d'Artois et du comte de Provence ; c'est assez dire qu'on pouvait s'y aventurer sans risque et que la reine aimait à se distraire.

De tels établissements furent nombreux à la fin du XVIIIe siècle et durant le XIXe jusqu'en 1880. L'Élysée lui-même, après la Terreur, quand Paris ne songeait plus qu'à se divertir, fut transformé en parc d'amusement. Son passé jusqu'alors n'était pas indigne d'un palais parisien devenu, à la longue, un palais national, le palais de la République. Un gentilhomme, protégé du Régent, une favorite au goût très fin, un financier beau parleur, Beaujon, auquel le roi offrait son buste : autant d'ombres qu'il n'est pas surprenant de rencontrer sous ces lambris. Il m'est arrivé d'y penser certains soirs de réception à l'Élysée. Je regardais l'alcôve, supprimée naguère pour l'établissement d'un vestiaire, où Beaujon avait fait placer son lit et d'où il pouvait contempler « son » parc. J'imaginais fort bien le vieux traitant, entouré de ses gens, parmi ces lourdes richesses; et la Pompadour réfugiée dans un des salons qu'elle préférait. Mais ce qui était vraiment inimaginable et qui paraît encore surprenant, lorsqu'on lui donne en pensée une réalité, c'est que ce palais faute de trouver un emploi digne de lui, soit devenu salle de bal, de concerts, maison meublée (l'enfant Alfred de Vigny y passa une partie de sa jeunesse), et que ses jardins aient été livrés aux jeux, aux danses de plein air, aux joutes nautiques, aux bains publics, qu'on soit entré là par aventure, par flânerie et qu'on y ait bu à pleins verres. A cette kermesse quotidienne, l'Élysée ajouta, durant l'été de l'an IX, c'est-à-dire en 1801, une attraction, celle du « hameau de Chantilly » où Velloni, fils de Velloni, débita dans une vaste salle de verdure toutes les liqueurs, glaces, sorbets, citronnelles en mousse, toutes les bavaroises, les chocolats que son illustre père avait mis à la mode. Le Paris de Bonaparte pendant quatre étés et quatre printemps se retrouva au « hameau de Chantilly », dans cet Élysée, aujourd'hui présidentiel, pour y gambiller, pour y danser, pour y boire.

Ces lieux de plaisir se confient au ciel, c'est-à-dire au beau temps. Le ciel était alors plus clément, assurément, qu'il ne l'est aujourd'hui puisque cet Élysée de plaisir dura cinq ans comme le Colisée en avait duré dix. Encore pour l'Élysée, l'histoire autant que le ciel se chargea une fois de plus de son destin. Un nouvel acquéreur s'était présenté. Le fils d'un aubergiste du Lot qui était aussi le beau-frère de l'empereur : Joachim Murat.

A la vérité, le Colisée en s'installant au-delà du Rond-Point avait transgressé des habitudes, et le génie du lieu. Les plaisirs aux Champs-Élysées ne se sont jamais très éloignés de ses verdures. L'endroit le plus fameux fut Mabille que tous les historiens du Second Empire ont célébré. L'avenue qui avant d'honorer Montaigne s'est appelée tour à tour l'avenue Verte, puis l'avenue des Soupirs, était devenue l'allée des Veuves, vers 1720. Pourquoi ce nom? Parce qu'elle était sombre, que son ombre convenait à la solitude et sans doute aussi aux consolations. Si des veuves la fréquentaient, elles y avaient été promptement rejointes par des compagnons qui n'étaient pas de tout repos. Des cabarets s'y étaient ouverts, où l'on dansait volontiers, où l'on se battait aussi. (Eugène Sue s'en est souvenu dans *Les Mystères de Paris.*) Une femme brillante, qui n'était point veuve, la belle Mme Tallien, avait pourtant rehaussé la réputation de cette avenue à la fin du XVIIIe siècle, en s'y installant avec son mari, dans une maison d'un étage, allongée parmi des acacias, non loin de l'emplacement qu'occupe, de notre temps, le Théâtre des Champs-Élysées. Cette « chaumière » — c'est le nom qu'on lui avait donnée — réunit tous ceux dont le Directoire favorisa la réussite. Bonaparte y retrouvait Mme de Beauharnais; Barras, Sieyès, y oubliaient leurs grands desseins, l'insouciance y côtoyant l'ambition. Les Goncourt ont décrit cette société qui préparait si légèrement son avenir. L'Empire lui mit les armes à la main quand il ne la rejeta pas à l'obscurité. En 1817, Tallien appauvri, sans emploi, dut vendre la chaumière dans laquelle un cabaretier dressa son comptoir sous l'enseigne de l' « Accacia ».

Or, vers la même époque, à l'autre extrémité de l'allée des Veuves, s'était ouverte une « buvette champêtre » entourée d'un jardin. Le patron, « le père Mabille », y accrocha des quinquets et y fit danser les veuves et leurs consolateurs. Quand le Second Empire vint relayer la Monarchie, la buvette du père Mabille, dont une révolution n'avait pas tari le succès, était devenue entre les mains de ses fils le bal le plus animé de Paris. Trois mille becs de gaz remplacèrent les quinquets et éclairèrent pendant un quart de siècle les veuves définitivement consolées. Des réputations se firent sur ces parquets de danse, au son des valses d'Olivier Metra, et se défirent dans ces bosquets, où Figaro ni Almaviva ne recherchaient plus leurs amours. Cependant, la grâce féminine est subtile : elle sait se fixer, lorsqu'elle en a la volonté. Si Rosita Sergent, belle du lieu, d'ailleurs assez vulgaire y trouva une couronne fragile, celle de la reine Pomaré, Céleste Mogador y recueillit un titre authentique en épousant le comte de Chabrillan. Au début du siècle, la comtesse Céleste était une vieille dame qui égrenait dignement des souvenirs dans une maison de retraite de la rue des Martyrs.

Le Second Empire a dansé chez Mabille. Ce n'était pas un péché, quoiqu'on le lui ait beaucoup reproché. Taine y a conduit son Thomas Graindorge qui en a parlé sur un ton à la fois ébloui et dégoûté : *Grand bal : cinq francs pour les hommes, un franc pour les femmes. Beaucoup de sergents de ville. Il y a foule pour voir l'entrée. Une grande allée d'abord, diaprée de verres de couleur, puis des bosquets, des ronds de verdure illuminée. Les becs de gaz allongent leur petit jet bleuâtre à ras de terre entre les fleurs. Les lampions, les vases transparents font cercle autour des gazons. On sent vaguement la graine et l'huile...* Le jeune Américain Graindorge conduit par Taine chez Mabille résistait aux tentations de l'endroit et aux sourires des danseuses. Ainsi, Jules Lemaitre, jeune provincial médusé par les Champs-Élysées, sut-il se défendre trente ans plus tard, au prix de l'ironie, des facilités du *Jardin de Paris*. Une femme, d'une fenêtre ouverte sur les services de son hôtel, pouvait regarder — de haut — la fête chez Mabille et en écouter les grelots : Thérèse Lachmann, en premières noces épouse d'Albino Franco, marquis de Païva, mariage dont l'annulation à Rome lui avait permis de devenir la comtesse Henckel de Donnesmarck et cousine, par alliance, de Bismarck. De Mabille à la baignoire d'argent et au somptueux hôtel où elle recevait les lettres et la diplomatie, la Païva connaissait le parcours et ses hasards. Sans doute n'avait-elle pas oublié ce soir où, sans argent, regardant dans le miroir d'un théâtre de Bruxelles son visage las et son corps malade, elle avait décidé de se tuer. Or, ce même soir, — c'est Goncourt qui le raconte dans son *Journal inédit*, et il le tenait de la Païva elle-même — elle avait reçu le billet d'un admirateur, soudain épris, qui voulait la voir, qui la revit et ne la quitta plus : Henckel de Donnesmarck.

On a beaucoup médit de la Païva. Espionne? Peut-être. Corrompue : certainement. Intelligente aussi : on n'assoit pas à sa table Théophile Gautier, Sainte-Beuve, Émile Augier, Edmond de Goncourt, Taine lui-même sans posséder quelque attrait d'esprit. Une cuisine raffinée, des portes de bronze, un escalier d'onyx, une argenterie somptueuse ne suffisent pas seuls à aimanter les gens parmi les plus spirituels, tout au moins les plus lucides, de leur temps. La Païva eut sa doublure grossière aux Champs-Élysées, près de l'Étoile, où elle habitait, Anna Deslions, et les Goncourt en ont parlé sur un autre ton : « Tout chez la Deslions est du gros luxe d'impure et d'impure de bas étage. Un salon blanc et or, une chambre à coucher en satin rouge, des boudoirs en satin jaune et surtout de la dorure... » Pourtant, parmi ce luxe voyant, quelques livres, dont *Manon Lescaut*. Et des bijoux : « Trois cent mille francs d'éclairs, écrit Goncourt : En les regardant, penché dessus, je revoyais dans leur lumière, comme en une lueur du passé, la Deslions demandant à notre bonne lorsque nous donnions à dîner (elle avait habité, avant sa fortune, un petit appartement en face celui des deux frères), demandant avant notre rentrée de faire le tour de notre table servie, pour se régaler les yeux d'un peu de luxe... »

Les Goncourt d'ailleurs ne méconnaissaient pas le pouvoir d'animation des Païva et des Deslions : « Elles mettent un peu de folie dans le monde, elles soufflettent le billet de banque... » Grâce à Thérèse Lachmann, comtesse de Païva, survit aux Champs-Élysées, en un hôtel intouchable, le témoignage de ce que fut le goût de la fortune durant le Second Empire.

PROMENADE de l'élégance oisive, rendez-vous du plaisir, les Champs-Élysées le furent longtemps avant de devenir un lieu de résidence. Les premiers hôtels qui y furent élevés au temps de la Régence et durant le XVIIIe siècle s'ouvraient sur le faubourg Saint-Honoré. Leurs parcs ou jardins s'étendaient le long des Champs-Élysées, tout comme aujourd'hui. Au-delà du Rond-Point, les Champs-Élysées étaient considérés comme une campagne et au début du XIXe siècle, on ne trouvait dans cette partie haute que six hôtels régulièrement habités. J'ai vu et admiré lorsqu'il s'y trouvait encore le plus célèbre d'entre eux construit par Le Boursier en 1778 pour un receveur des Finances qui l'habita durant dix ans. Le duc de Richelieu et de Fronsac, pair de France, lui succéda, puis le comte de Marelscalchi, ministre d'Italie à Paris. La comtesse de Durfort y vécut à son tour, et le comte de Flahaut (le Flahaut de Talleyrand) jusqu'à ce qu'il échût enfin au duc de Massa, dernier en date de ses fastueux locataires. Il y a une trentaine d'années, l'hôtel fut acheté par un grand magasin et il allait disparaître lorsque sur une suggestion gouvernementale, et grâce à la générosité d'un des acheteurs, il fut transporté pierre par pierre jusqu'au faubourg Saint-Jacques, dans une pointe des jardins de l'Observatoire, et offert pour résidence à la Société des Gens de Lettres. Ayant eu l'honneur de présider cette société, j'ai souvent contemplé ces murs d'un style si calme et si pur. Ils ne paraissaient pas trop dépaysés dans ce faubourg Saint-Jacques, où tant de pèlerins et de voyageurs ont passé ! Mais je conviens qu'il était mieux à sa place entre la rue du Colisée et la rue de la Boétie.

Témoin de cent cinquante années, l'hôtel de Massa vit se transformer les Champs-Élysées et cette savane peu sûre devenir le champ de la fortune mobilière du Second Empire : futur rendez-vous des grandes dynasties bourgeoises avant d'être annexée par le commerce. Si Mabille fut un des temples de la « fête impériale » sous Napoléon III, si les cafés-concerts, l'Alcazar d'été, les Ambassadeurs, l'Horloge y répandirent, avant Paulus et Mayol, des refrains à tous les échos (Écho est une nymphe et il n'en manquait pas dans ces verdures), c'est aux Champs-Élysées que le régime impérial appuya sa fortune et déploya sa prospérité. Tous les terrains, situés entre le Cours-la-Reine et les Champs-Élysées, d'année en année, de mois en mois, accrurent en valeur et se peuplèrent. Sur l'avenue d'Antin (devenue Roosevelt), où l'on avait dansé dans des caves, au début du siècle et dans l'allée des Veuves, s'élevèrent ces immeubles d'un goût cossu, dont quelques-uns subsistent encore. Des rues naquirent : rue François-Ier, rue Jean-Goujon, qui durent leurs noms à l'admirable maison transportée pierre à pierre, de Moret au Cours-la-Reine. Un colonel, aux temps romantiques, l'avait achetée deux mille francs sur les bords du Loing : reconstruite sur une rive de la Seine, il l'offrit à Mlle Mars. Dona Sol, quelques années, abrita ses diamants sous les frises de Jean Goujon.

La guerre de 1870 frappa d'un coup de hache ce bonheur qui savait si bien faire ses affaires. Mabille n'y résista pas. Il disparut alors que la Troisième République prenait un brevet de vertu. Les Champs-Élysées allaient jeter un voile sur ses plaisirs pour n'en garder que les moins voyants : les Folies-Marigny où Debureau avait promené son triste et blanc sourire, où Offenbach avait déployé ses flonflons. Cependant, à l'orée de l'Avenue, les Ambassadeurs, le Jardin de Paris survécurent à l'orage et les beaux jours revenus reprirent leurs refrains. Le patriotisme, au temps de Paulus, en fit oublier la frivolité. Le Cirque d'Été, autre rendez-vous fameux, avait été fondé en 1835 par Franconi, descendant d'un Italien d'Udine, qui avait couru la France en montrant des oiseaux savants. Édifié d'abord à l'emplacement des Folies-Marigny, il avait émigré un peu plus loin dans le carré qui longe l'avenue Matignon. Piste brillante dont des écuyères firent la fortune : Caroline Loyo et Mme Lejars que Pradier sculpta. La statue accueillait à l'entrée du Cirque les élégants, amateurs de sable et de paillettes, et plus tard les dilettantes qui se comptaient aux premiers souffles wagnériens.

AVEC la Troisième République, les Champs-Élysées, peu à peu, s'embourgeoisèrent avant de devenir le boulevard commercial qu'ils sont aujourd'hui. Durant longtemps, ils rassemblèrent des résidences et quelques rares magasins dont un parfumeur plus vieux que le siècle et un café qui en fut un des rendez-vous achalandés. Longtemps, il fut le seul café entre le Rond-Point et l'Étoile, comme un relais, sur le chemin du bois. Avenue d'hôtels cossus où naquit un futur président de la République, Casimir Périer, où un roi du sucre, un roi de la finance, et l'un des maîtres du journalisme américain prirent plaisir — et quelque orgueil — à demeurer. Des hommes de lettres y passèrent le temps d'un bail : Henri Lavedan; et des comédiennes y logèrent leur renommée : Cécile Sorel, Polaire, Mlle Jane Renouard. Tradition à peu près perdue : je ne connais aujourd'hui que Mlle Marie Bell pour la maintenir et y avoir fixé son étoile.

Comme tant d'aspects de Paris, une certaine époque des Champs-Élysées cessa avec le temps des équipages. La République se tournait vers le progrès. Le Second Empire avait commencé en installant aux Champs-Élysées une de ses expositions, celle de 1855, qui tentait de faire oublier à la France les lenteurs et les duretés de la guerre de Crimée. Le siège de Sébastopol durait, durait : on offrit aux Parisiens et à la province, en espérant qu'elle y viendrait, un Palais de l'Industrie. Elle y vint. Ils y vinrent. Elle admira dans cette vaste bâtisse amarrée entre le carré Ledoyen et l'avenue d'Antin, les nouveautés universelles de l'industrie et du commerce. Elle acclama le roi de Portugal et plus encore la reine Victoria qui avait offert à l'Exposition une charmante petite voiture pour en faire le tour. Une Exposition de peintures rappelait aux visiteurs que la France éprise de négoce n'abdiquait pas les Arts. Delacroix la dominait de son talent ardent et sombre; mais on ne sut pas encore le voir.

Ce Palais de l'Industrie écrasait les verdures et il offusqua longtemps un des plus nobles horizons de Paris, celui qu'on aperçoit entre les deux palais construits en 1900. Ses architectes avaient pensé en faire l'égal du Palais de Cristal à Londres. Il n'en eut pas la réussite. Deux cents mètres de long, cinquante de large, assemblage baroque de pierre, de fonte et de verre, le Palais de l'Industrie fut recueilli par la République comme un précieux héritage de l'Empire. Elle y installa, ainsi que plus tard dans la Galerie des Machines, au Champ-de-Mars, sa confiance officielle dans l'avenir, sa foi dans le progrès. Elle a fini par les abattre, ces palais, l'un et l'autre. Tardif bon goût qui rendit au Champ-de-Mars et aux Champs-Élysées leur ligne pure et leur grâce jardinière.

J'AI encore vu, de mes yeux d'enfant, le Palais de l'Industrie, comme j'ai vu le Cirque d'Été, sans me souvenir pourtant de cette belle Mme Lejars, animée par le ciseau de Pradier. C'est au Cirque d'Été, aux temps où Willy signait ses chroniques musicales, *l'ouvreuse du Cirque d'Été*, que, pour la première fois, j'ai entendu Camille Chevillard frapper dans l'air de son poing gras et volontaire les premières notes de la *Cinquième*. Le Cirque disparut à la veille de 1900. Un autre devait le remplacer, pour saluer l'enfance du siècle, plus vaste, plus jeune que celui où Caroline Otero avait présenté ses danses de cigarière et Caroline Loyo fait étinceler ses éperons d'or. L'Exposition de 1900 ouvrit sa porte monumentale place de la Concorde mais le nouveau Cirque d'Été n'en était encore qu'à ses fondations. Il ne fut jamais construit.

Le concert des Ambassadeurs, l'Alcazar d'été et sur l'autre rive élyséenne, le Jardin de Paris me sont aussi des souvenirs de jeunesse. Le bruit des orchestres se glissant entre les massifs qui dissimulaient le spectacle aux curieux, et les lampadaires à quatre branches dont les globes blancs (il en est encore de pareils place de Furstenberg) répandaient leur petit lait sur les verdures, ces souvenirs surnagent comme un songe illustré par Lautrec. Un songe qui fut longtemps une tentation. Ainsi que tant de jeunes Parisiens, j'ai cru que la vie brillante, c'était cela : être un habitué des Ambassadeurs, souper chez Ledoyen, ou remonter les Champs-Élysées en victoria avec une Païva à ses côtés. L'expérience assoupit ces illusions. Mais les Champs-Élysées en réveillent toujours de nouvelles par de quotidiens appâts.

CES tentations ont varié avec les métamorphoses de l'avenue. Sa nudité fut d'abord sa noblesse; puis la qualité de ses habitants; lorsque les automobiles y remplacèrent les équipages, que les *coachs* et les *coupés* y devinrent anachroniques, lorsque le prince de Sagan dut renoncer à s'y promener à bicyclette et en gants blancs, l'heure était venue pour le commerce de s'installer sur ces rives. Les cafés enfin y affluèrent avec les cinémas.

A la vérité, il n'était pas besoin de cinéma. Un autre spectacle y suffisait : celui, ininterrompu, de la foule.

Le théâtre de la rue, aux Champs-Élysées, ne connaît pas de relâche; mais la scène y est de plus en plus étroite pour les figurants. Entre les automobiles en rangs et les terrasses envahissantes, il n'est plus beaucoup de place pour le piéton de Paris, ni ses invités. La clientèle des cinémas, en rangées dociles, ajoute encore à cet encombrement. Le plaisir, à présent, est d'une autre sorte : il est fait de ces excès, de cette animation, de cette profusion, de cette foule infatigable qui accomplit sans cesse ce parcours unique entre deux places majestueuses, entre un obélisque d'Égypte et l'arc de nos triomphes.

La colline de Chaillot se prêtait au projet de l'empereur. L'arc triomphal y dominerait la vaste route tracée par le génie de Le Nôtre. Le plan prévoyait que cette éminence se présenterait telle une étoile et que le Paris nouveau y rassemblerait ses voies, comme en un rendez-vous de la gloire. Ce furent douze avenues, encadrant douze hôtels de mêmes lignes, de mêmes proportions dédiés aux maréchaux de l'Empire. Entre le Cours-la-Reine et l'avenue, le quartier appartint à François Ier, aux talents et hauts faits qui avaient illustré son règne : Bayard et La Trémoille, Jean Goujon, Boccador et Chambiges, Marignan et Cerisoles... Le drapeau des victoires frissonne dans ces rues dont nous avons oublié la gloire, et le génie de l'architecture survit dans des noms désincarnés mais prononcés tous les jours. Les douze avenues de l'Étoile plus vivantes, parce que plus proches de notre temps dans leur vocation, plus vastes, et plus inscrites dans notre vie quotidienne, lient vraiment douze provinces de Paris à cette illustre colline. Chacune de ces avenues rejoint des populations, des habitudes, des traditions locales qui ne sont point les mêmes. Combien différentes la bourgeoisie de l'avenue Victor Hugo et la faune affranchie de l'avenue de Wagram. Combien différentes l'avenue de la Grande Armée, patrie fidèle du cyclisme, et l'avenue Friedland où les tableaux, les livres anciens, les antiquaires, les raretés des Indes et de la Chine escortent notre marche jusqu'aux grands magasins et le Paris d'Haussmann! Cette diversité merveilleuse s'unifie place de l'Étoile. A ce point de leur conjonction, tant de populations diverses, le cosmopolitisme de l'avenue Foch, les bourgeois de Passy, les « Tour de France » de l'avenue de la Grande Armée, les hauts fonctionnaires de l'avenue Kléber, les petits retraités des Ternes et les familles Boussardel du XVIIe ne forment plus qu'un peuple dont une flamme sous une arche maintient inlassablement le sacrifice et la gloire.

CETTE colline aujourd'hui resplendissante, ces jardins ordonnés qui s'ouvrent sur la place de la Concorde, ils furent longtemps broussailleux, ils furent sombres. L'arc de triomphe était élevé qu'il existait encore autour de l'Étoile un chemin de ronde bordé de murs qui se faufilait entre les jardins et les bâtisses de Chaillot. Sur les flancs de la colline, les Parisiens, le dimanche, avaient pris le goût de s'asseoir dans l'herbe, en mangeant à l'automne, le raisin des treilles environnantes.

Alors, la rue Vernet s'appelait le chemin des Vignes...

La nuit, depuis toujours, ces lieux étaient peu sûrs. Les patrouilles elles-mêmes avançant dans l'obscurité, falots à la main, avaient été plus d'une fois attaquées. Et le mois d'octobre 1789, une requête était adressée au Comité de Police de l'Hôtel de Ville, « de vouloir bien prendre en considération l'illumination des Champs-Élysées et de Chaillot et d'y faire placer promptement des réverbères afin que les patrouilles puissent se faire avec exactitude et sûreté. » Des lanternes qui s'éteignaient d'elles-mêmes à trois heures du matin furent disposées sur le chemin de ronde. Trois ans plus tard, c'était au tour du village voisin de Chaillot d'être éclairé. Les Champs-Élysées bénéficièrent de ces lumières; mais lorsque les armées des alliés les occupèrent, elles accomplirent de grands ravages dont pâtirent les arbres et les lanternes. En 1817, le sieur Mouret auquel on avait consenti le privilège de louer les chaises demanda « qu'on rétablît l'éclairage détruit par l'occupation», ce qui fut fait. Lueurs modestes sur une avenue dont les habitués, la nuit venue, préféraient quelquefois les ombres. Dangereusement : Lebon, l'inventeur du gaz y fut assassiné. Son invention avait pourtant servi aux Champs-Élysées mêmes : douze cents candélabres en 1839 augmentés en 1851 de cent trente candélabres nouveaux. Huit ans plus tard, Hittorf, qui contribua à l'architecture et à l'ornement des Champs-Élysées sous le Second Empire fixa le style des lanternes de l'avenue, d'après un modèle florentin, à moulures bronzées et à galeries dorées. C'étaient elles encore — ou leur imitation — qui, naguère, éclairaient seules les Champs-Élysées. On les a maintenues comme une tradition séculaire, lorsqu'on leur a adjoint des candélabres électriques qui n'ont pas encore de passé.

VOILA mon hommage accompli. Ayant lu des livres, j'ai raconté l'Histoire. En choisissant, il est vrai : ce que je savais déjà. Il y a une fidélité du savoir qui devient celle du souvenir. Elle m'accompagne aux Champs-Élysées. Je l'ai dit : que de fois je me suis arrêté non loin des chevaux numides de Coustou, que de fois je me suis penché à une fenêtre du Rond-Point pour contempler cette avenue au crépuscule. Paris rentre chez lui ou roule vers ses plaisirs. Les voitures passent, passent sans cesse, remontent ce vaste cours, face au soleil attardé qui va bientôt s'endormir sous l'arche magistrale. On respire le déclin d'un jour, enveloppé de tout ce qui le précéda, frôla ces arbres, marqua ce sol des pas de notre histoire.

Le jour baisse. Le ciel s'empourpre sous l'arc de triomphe. Des vitrines s'allument. Des aciers étincellent à la proue des voitures. Soudain, comme sous le doigt d'un Dieu, les Champs-Élysées s'éclairent. L'été, les feuillages prennent une vive nuance de jeunesse ; l'hiver, il semble qu'un immense rayon réchauffe cette chaussée jamais engourdie. Une fois encore, les Champs-Élysées nous appellent, et nous retiennent dans leurs lumières.

1959.

TABLE

Pages

Cet ouvrage a été reproduit
et achevé d'imprimer sur Roto-Page
par l'Imprimerie Floch à Mayenne,
pour les Éditions Albin Michel
en septembre 1995.

N° d'édition 14707. N° d'impression 37994.
Dépôt légal : octobre 1995.

Imprimé en France